Realizing Beloved Community

Realizing Beloved Community

REPORT FROM THE HOUSE OF BISHOPS THEOLOGY COMMITTEE

EDITED BY
ALLEN K. SHIN AND LARRY R. BENFIELD
FOREWORD BY
MICHAEL B. CURRY

CHURCH
PUBLISHING
INCORPORATED

Unless otherwise noted, the Scripture quotations are from New Revised Standard Version Bible, copyright © 1989 National Council of the Churches of Christ in the United States of America. Used by permission. All rights reserved worldwide.

Church Publishing
19 East 34th Street
New York, NY 10016

Cover design by Jennifer Kopec, 2Pug Design
Typeset by Newgen KnowledgeWorks Pvt. Ltd., Chennai, India

A record of this book is available from the Library of Congress.

ISBN 978-1-64065-592-8 (hardcover)
ISBN 978-1-64065-593-5 (paperback)
ISBN 978-1-64065-594-2 (ebook)

Contents

Realizing Beloved Community

Foreword

By Michael B. Curry

> I give you a new commandment, that you love one another. Just as
> I have loved you, you also should love one another. By this everyone
> will know that you are my disciples, if you have love for one another.
>
> John 13:34–35

I s e *pluribus unum*, "from many, one," possible? Is the vision of one nation under God from many diverse people, with liberty and justice for all, possible? The phrase is a traditional motto of the United States. It is emblazoned on the Great Seal of the country. It is a statement of who we say we aspire to be as a nation, a society, a people. But is it possible? Is success for the American experiment in a multi-racial, pluralistic, egalitarian, democratic society possible? Is it possible for this to be a country in which "there is plenty good room for all God's children," as Africans enslaved in this country once sang?

The question is not one simply for the United States. It is a question for the whole human race. Dr. King often said it in this way: "We must learn to live together as [sisters and] brothers, or we will all perish together as fools." That is not simply a quaint religious question. It is one of ultimate urgency.

I am a follower of Jesus of Nazareth because I believe his way of love, embodied in his Spirit, his life, and his teaching, shows us the very way and heart of the God who the Bible says "is love." In so doing, Jesus has shown us God's way of life. He has shown us the way to live in right relationship, reconciled with the God who is our Creator, with each other as the children of God, and with all of God's creation. He has shown us the way to the kingdom of God, the way to live in the rule and reign of God, the way to live as the family of God, the beloved community. In that, I believe, is hope for the planet and the human race, for that is what God had in mind when God first said, "Let there be light."

In 1927, James Weldon Johnson composed seven poems that were based on the sermons of enslaved African preachers in antebellum America. He published them under the title *God's Trombones*.[1] The original sermons were part of the oral folk tradition of slaves. One, "The Crucifixion," for example, picturesquely retold the story of the trial and crucifixion of Jesus. Another, "The Exodus," recounted the crossing of the Red Sea, and another, "Go Down Death: A Funeral Sermon," told a story of the crossing of a woman named Sister Caroline from this world to the next. These poems captured the imaginative insight of untutored and unlettered bards who spoke of a transcendent hope through a wisdom not born of this world. Of these sermons and spirituals, and the spiritual tradition they reflect, Howard Thurman once wrote: "By some amazing but vastly creative spiritual insight the slave undertook the redemption of a religion that the master had profaned in his midst."[2]

Nowhere is this more evident than in the first sermon-poem in the collection, "The Creation." In this poem, the preacher-poet retells the story of the creation of the world as told by an ancient Hebrew poet in the first few chapters of the Book of Genesis. It begins with these words:

> And God stepped out on space,
> And he looked around and said,
> I'm lonely—
> I'll make me a world.[3]

Here is one of those "creative spiritual insight[s]" of which Howard Thurman spoke. Think about it for a moment. The social universe of the slave was a hostile one, with the enslaved person stolen from their homeland, carted to an alien land as cargo, defined *de jure* as less than human, bereft of freedom, and with no earthly hope of anything better. Yet the preacher-poet, living in such a hostile social universe, grasped that God who created did not create them or anyone to be a slave—or a slave master. God's plan and purpose in creation is a loving, liberating, and life-giving one. The creation was made to be the context of communion and community between God, God's human children, and all of God's creation. Communion of the beloved is the point of it all.

If I may borrow from the vows of Holy Baptism in the Book of Common Prayer, racism is a manifestation of "spiritual forces of wickedness that rebel against God." It is an evil that will "corrupt and destroy the creatures of God." It is one of the fruits of "the sinful desires that draw you from the love of God."[4]

To say it another way, racism is a cancer that, left untreated and allowed to spread and mutate, can hurt, harm, and destroy communities, societies, and the children of God. I say that as a survivor of both colorectal and prostate cancer. There are three dimensions of my own journey that may be helpful here—diagnosis, treatment, and ongoing monitoring and care. When the doctor told me that I had cancer, it wasn't the diagnosis I wanted to hear. The treatment was sometimes not easy to bear. And continued monitoring has been an ongoing and necessary part of my care.

Diagnosis, treatment, and ongoing monitoring and care are all critical dimensions of the healing process. The medical team that cared for me did not do any of those things to hurt or harm me. To the contrary, they had to do those things to help and heal me. In like manner, the healing of the cancer of racism requires honest diagnosis, real intervention and treatment, and continued monitoring and care. That's not easy. The diagnosis of the disease of racism may at times be hard to hear. The course of the treatment, the healing work, sometimes may be difficult to bear. The necessity of lifelong monitoring and care always stands as a reminder that while the victory has been won, the ongoing work of vigilance and healing is never done. But here is to be found the hard and holy work of love that can help us and heal us.

I am so grateful for the leadership of Bishops Tom Breidenthal and Allen Shin, and to the members of the Theology Committee who have spent the last five years working on this book. I'm thankful for their work, but ever more thankful that they have done and are helping us all to do the work of diagnosis, treatment, and lifelong care. This is hard and holy work, not to hurt or harm, but to help and heal. This is the hard and holy work of love that can lead us to something close to the realization of the beloved community of God.

This is a reflection of God's dream in creation and the goal of the kingdom and reign of the God who is love for which Jesus taught us to labor and to pray:

Thy kingdom come.
Thy will be done,
On earth,
As it is in heaven.

So let us join hands, with our God and with each other, across all of our differences, varieties, and diversities. Let us join hands as the children of the God who created us all, and let us pray and labor for a world that more closely reflects the beloved community of God. So:

If you cannot preach like Peter,
And you cannot preach like Paul,
You just tell the love of Jesus,
How he died to save us all.

There is a balm in Gilead,
To make the wounded whole,
There is a balm in Gilead,
To heal the sin-sick soul.[5]

The Most Rev. Michael B. Curry
The 27th Presiding Bishop and Primate
of the Episcopal Church

Notes

1. James Weldon Johnson, *God's Trombones: Seven Negro Sermons in Verse* (New York: Penguin Books, 1976; first published 1927).

2. Howard Thurman, *Deep River: Reflections on the Religious Insight of Certain of the Negro Spirituals* (Port Washington, NY: Kennikat, 1969; first published 1945), 36.

3. Johnson, *God's Trombones*, 15.

4. *The Book of Common Prayer* (New York: Church Publishing, 1979), 302.

5. *Lift Every Voice and Sing II: An African American Hymnal* (New York: Church Publishing Incorporated, 1993), 203.

Theology Committee
of the House of Bishops
(2017–2022)

Contributing Bishops

The Rt. Rev. Laura Ahrens
Bishop Suffragan, Diocese of Connecticut
The Rt. Rev. Jennifer Baskerville-Burrows
Bishop, Diocese of Indianapolis
The Rt. Rev. Larry R. Benfield
Bishop, Diocese of Arkansas
The Rt. Rev. Thomas E. Breidenthal, *former chair*
Bishop resigned, Diocese of Southern Ohio
The Rt. Rev. R. William Franklin
Bishop resigned, Diocese of Western New York
Bishop Assisting, Diocese of Long Island
Adjunct faculty, Episcopal Divinity School at Union Theological Seminary
The Rt. Rev. Carol Gallagher
(Cherokee) Regional Canon, Diocese of Massachusetts
The Rt. Rev. Gretchen Rehberg
Bishop, Diocese of Spokane
The Rt. Rev. Allen K. Shin, *chair*
Bishop Suffragan, Diocese of New York
The Rt. Rev. Prince Singh
Bishop Provisional, Dioceses of Western Michigan and Eastern Michigan

The Rt. Rev. Wayne Smith
Bishop resigned, Diocese of Missouri
Bishop Provisional, Diocese of Southern Ohio
The Rt. Rev. Porter Taylor
Bishop resigned, Diocese of Western North Carolina
Visiting Professor of Divinity, School of Divinity, Wake Forest University

Contributing Theologians

The Very Rev. Dr. Kelly Brown Douglas
Dean of Episcopal Divinity School at Union Theological Seminary
Canon Theologian, National Cathedral, Washington, DC
Theologian in Residence at Trinity Church Wall Street
Bill and Judith Moyers Chair in Theology, Union Theological Seminary
The Rev. Dr. Sathianathan Clarke
Bishop Sundo Kim Chair for World Christianity, and Professor of
*   Theology, Culture and Mission, Wesley Theological Seminary*
Dr. Stephen Fowl
Dean of Loyola College, Professor of Theology, Loyola University
The Rev. Dr. Altagracia Pérez-Bullard, *co-chair*
Assistant Professor of Practical Theology, Virginia Theological Seminary
The Rev. Dr. Katherine Sonderegger
William Meade Chair of Systematic Theology, Virginia Theological Seminary
Dr. Charles Mathewes
Carolyn Barbour Professor of Religious Studies, University of Virginia
The Rev. Dr. Beverly Mitchell
Professor of Historical Theology, Wesley Theological Seminary
Dr. Kathryn Tanner
Marquand Professor of Systematic Theology, Yale Divinity School

The Rev. Canon Dr. James Turrell
Dean of the School of Theology, University of the South

Other Contributing Members

Jacquelyn Winter, *former coordinator, House of Bishops
    Theology Committee*
Ann Sabo, *current coordinator, House of Bishops Theology Committee*
Vicenti Echerri, *Spanish translator*
Giovanna Serrano, *Spanish translator*

Subcommittees on the Papers on White Supremacy and Learning to Listen

On historical documents:
Kelly Brown Douglas, William Franklin, Beverly Mitchell,
    Allen Shin, Kathryn Tanner
On narratives:
Thomas Breidenthal, Sathianathan Clarke, Charles Mathewes,
    Prince Singh, Porter Taylor
On scripture, liturgy, and patristic literature:
Laura Ahrens, Larry Benfield, Stephen Fowl, Wayne Smith,
    James Turrell

Subcommittee on the Papers on Reparations and the Doctrine of Discovery

On narratives:
Altagracia Pérez-Bullard, Allen Shin

On baptism and reparations:

Jennifer Baskerville-Burrows, Larry Benfield, William Franklin,
   Gretchen Rehberg, James Turrell

On the doctrine of discovery:

Thomas Breidenthal, Carol Gallagher, Prince Singh,
   Katherine Sonderegger

Introduction

Beloved, let us love one another, because love is from God; everyone
who loves is born of God and knows God. Whoever does not love
does not know God, for God is love. God's love was revealed among
us in this way: God sent his only Son into the world so that we might
live through him.

1 John 4:7–9

Beloved community embodies the incarnate love of God in
Jesus Christ, who was born of God's love and was called
"my Son the Beloved" by a voice from heaven. Beloved community is the way of life to which he called his followers as he taught
the disciples at the Last Supper to love one another. Thus, the vision of
beloved community is intricately connected to the church's historical
self-understanding and its ministry of Communion. This is the most
important gift the church has received from God in Christ, and is,
thus, central to its vocation as it strives to embody the self-giving love
of Jesus Christ on the cross. By the sheer grace of God and through
our participation in that grace, we as the church strive to live the way
of love as Jesus has taught so that everyone will know that we are his
disciples. This book is a compendium of the papers of the House of
Bishops Theology Committee submitted on the topic of beloved community and its related issues.

The House of Bishops Theology Committee is called by the
presiding bishop to carry out theological study and reflection on a significant issue in the common life of the Episcopal Church. In recent
years the committee has dealt with issues such as open communion
and same-sex relationships. The charge of this committee was to support Presiding Bishop Michael Curry's call to advance the cause of
beloved community. Building beloved community and racial healing
have been the central themes and foci of his ministry since his election

in 2015. Bishop Curry's vision and passion for beloved community are captured by one of his many talks on this topic:

> Beloved community is not a fairy tale; it's not a fond hope that will never be realized. It's the only hope, and it's the real hope. Beloved community—becoming beloved community—is what God intended from the very beginning, and it's what God won't stop until God realizes it.[1]

His sermons and talks have greatly increased the groundswell of support for working on matters of racial justice and reconciliation church-wide that emerged with clarity and urgency from the 79th General Convention. This, in turn, has energized grassroots movements and conversations on racial justice and healing during the COVID-19 pandemic, especially in the aftermath of the killing of George Floyd. Thus, the work of this committee is also a timely response to the growing sentiment for racial healing and racial justice in the church.

Chaired by the Rt. Rev. Thomas Breidenthal, the Theology Committee had its organizational meeting in May 2017 in Chicago and began an initial exploratory conversation and study. Committee members agreed to study beloved community from three aspects—narratives, historical documents, and theology—and accordingly formed three subcommittees. When the committee met again in January 2018, they quickly realized that the biggest barrier to becoming beloved community is the sin of white supremacy. Although white supremacy is not the only grave sin that the church must address, it is the most salient and pressing issue it faces in the historical context of the United States, and it is a deeply entrenched and pervasive obstacle in our common life. Thus, the committee members agreed that confronting it is the first step toward building beloved community. The committee worked urgently for the subsequent two-and-a-half years even as it faced the deepening crisis of the pandemic, and submitted a lengthy report, titled "White Supremacy, Beloved Community and Learning to Listen," to the House of Bishops' online gathering in September 2020. The timing of this report was providential, as the world was witnessing the eruption of racial conflicts and violence in the aftermath of the murder of George Floyd. The United States was forced to reckon with the historical reality of white supremacy and racism against African Americans and other people of color.

The report has been rearranged into two chapters for this book. Chapter 1, "White Supremacy and Beloved Community," studies the nature and history of white supremacy and explores the theological, scriptural, and liturgical framework for beloved community as a concept and as a goal. Chapter 2, "Beloved Community: How We as the Episcopal Church Learn to Listen," considers the importance of listening as a way of building beloved community. We need to listen to scripture, to the patristic writings, to our liturgical formulae, and to the stories of the silenced, both in the past and in contemporary society. This study is only the beginning, the first step to understanding the historical pervasiveness of white supremacy in our culture and society and to building the beloved community of Jesus Christ through telling and listening to stories. It is the committee's hope that the readers of this book will explore further the rich list of references and resources contained in Appendix 2.

In its May 2020 meeting, the committee identified reparations as the next significant issue related to beloved community. After the 2006 General Convention passed several resolutions on racial justice and reparations, some dioceses began working on the issue of reparations. By the fall of 2020, dioceses and organizations in the Episcopal Church had made significant progress regarding reparations in their local contexts and ministries. With Bishop Breidenthal's resignation as chair of the Theology Committee at the end of October 2020, the presiding bishop appointed Bishop Allen Shin as chair, who, in turn, invited the Rev. Dr. Altagracia Pérez-Bullard to be the theologian co-chair of the committee. In its meeting in January 2021, the committee began working on the issue of reparations as it is related to beloved community. The committee divided itself into three subcommittees again—theological study, narratives of reparations, and the study of the doctrine of discovery. In the light of the earlier study of white supremacy, the committee agreed that the doctrine of discovery had to be considered as an important historical and theological issue, one that is intricately connected to white supremacy and a significant obstacle to the vision of the beloved community.

Reparation is a matter of faith, and thus a theological imperative. Reparation is a baptismal call, rooted in scripture, tradition, and the Christian identity as followers of Jesus. The baptismal renunciations and adhesions provide a theological and liturgical framework for the Episcopal Church to make reparations for the evils of chattel slavery, Jim Crow, and white supremacy as a step toward forgiveness, reconciliation, and the building of beloved community. Faith communities, therefore, are compelled to sustain a program of reparations that denounces the realities of a sinful past and acknowledges the impact and effects on the present, while transforming present systems and structures to construct an equitable and just future. The report, "Reparations and Beloved Community," was presented to the House of Bishops in September 2021 as an urgent call to the church to take on this important work.

A sampling of four reparations projects was compiled and written up in January 2022 for the report to the House of Bishops in March 2022. They are contained in Appendix 1 of this book. They are by no means an exhaustive list of examples, as many dioceses and local entities in the Episcopal Church have taken up this important project in recent years. The committee regrets that the limitations of committee membership, time, and other resources did not allow them to gather more stories and examples of reparations from around the church and in local communities. It is the hope of the committee, however, that there be someplace where more stories of reparations can be compiled and shared online by a designated office of the Episcopal Church Center.

"The Doctrine of Discovery and Beloved Community" was the last remaining paper, which was finalized in January 2022 and reported to the House of Bishops in March 2022. It makes up Chapter 4 of this book. The call to reparations lies entangled with the pattern of recognizing land as a commodity and dividing, conquering, amassing, and controlling land. The name given to this terrible pattern, which has been etched into the lives and history of many peoples, particularly the Indigenous/Native peoples of this land, is "the doctrine of discovery." The chapter explores the history of the doctrine of discovery in connection with white supremacy and the European imperial and colonial expansion. Christians are to live as those knit together in a "single fabric of destiny," as Dr. King expressed it—kin of one another, inhabiting this good earth as those who cannot do without one another, and seeking the welfare of other above self. This is the gracious call and command of our Savior, Jesus Christ. This call is urgent; the time is now.

The committee expresses its gratitude for the support of the presiding bishop during the five years of this project and to the House of Bishops for receiving the reports. The committee is also grateful to Church Publishing for agreeing to print these reports as a book to be made available more widely to the whole church.

Note

1. "Bishop Michael Curry—Becoming Beloved Community," YouTube, posted by St. Luke's, Salisbury, October 20, 2019, https://www.youtube.com/watch?v=uFMsi0mhHqs.

CHAPTER

1

White Supremacy and Beloved Community

The Sin of White Supremacy

When the House of Bishops Theology Committee began its work, the committee members quickly realized that the biggest barrier to becoming beloved community is the sin of white supremacy. White supremacy is not the only grave sin that the church must address, but as committee deliberations clearly indicated, at this moment in history it is the most salient and pressing issue that society faces, a deeply entrenched and pervasive obstacle to a better common life. Confronting it is the first step to building beloved community.

The term "white supremacy" is loaded with political baggage and evokes many emotional reactions. The committee struggled with the term itself and even searched for a less emotive one. But in the words of Bishop Wayne Smith, the term, hard though it is, accurately names the racial structures in our culture and tells us, in just those two words, who benefits from these structures.

White supremacy is not simply the sin of anti-Blackness and the many manifestations of colorism that are evident on streets, in schools, at places of work, and even in places of worship. It is a culture that both structurally and ideologically privileges whiteness in virtually all facets of society. Privileging whiteness is a sin. Talking about it as a sin

---

Reported to the House of Bishops in September 2020

underscores both its intimate, individual nature and its larger, structural power. Collective corruption is deep. To purge it requires both sustained human effort and divine assistance.

The facts of white supremacy are not the special province of the church. The realities of economic and educational inequality, vast disparities in incarceration, daily prejudice, and centuries of discrimination can be observed by all who have ears to hear and eyes to see. Yet these facts are poorly and imperfectly realized by many white people, so much so that when presented with them, many try to deny them or explain them away. White ignorance and white indifference constitute their own specific forms of sin.

None of this is fresh news. Those who came to the New World engaged in an imperialist project that was death-dealing to Indigenous peoples, taking lands through violence, biological warfare, deceit, and treaty violations and justifying their actions with religious language, papal decree, and what came to be known as the doctrine of discovery. Those who were brought to the New World in chains as property to be bartered or purchased, and who felt the whips of oppression, violence, and marginalization, often tried to speak truth about this sin, and continue to do so. Presidents and prophets, writers and martyrs, men, women, and little children have all given testimony since before the founding of the United States. Repeatedly, their words and examples have fallen on deaf ears and hard hearts.

It is the church's responsibility to recognize and reckon with the problem of white supremacy. This work must also include confession and remorse. Episcopalians must acknowledge the active and substantial role played by Christianity, the Anglican Communion, and the Episcopal Church in constructing, maintaining, defending, and profiting from this monstrous sin and scandal.

Understanding White Supremacy

Having defined white supremacy as the primary obstacle to beloved community, it can be further defined by providing a context for it, within both the Episcopal Church and the United States. This includes an investigation of the two foundational narratives underpinning white supremacy in America: anti-Blackness and Anglo-Saxon exceptionalism.

Anti-Blackness traces back to Europeans' first encounter with African peoples, when differences in appearance and culture led Europeans to deem Africans inferior and dangerous beings, signaled by their Blackness. White superiority traces back to the United States' forebears and founders, for whom U.S. sociopolitical and cultural identity was inextricably linked to the myth of Anglo-Saxon superiority. The chaplains to the first European arrivals to the North American continent preached to them that they were the chosen people, a new Israel claiming its promised land. The "city on the hill" that the nation's founders were building was intended to be a testament to the exceptionality of Anglo-Saxon character and values. American exceptionalism, then, was equated with Anglo-Saxon exceptionalism, and "whiteness" emerged as the perfect way to mask the fact that America was a nation of immigrants, even from mainland Europe, who were not actually Anglo-Saxon. Whiteness forged an impregnable wall between the American myth of Anglo-Saxon exceptionalism and those who might threaten it, and no people were considered more threatening than Black people; hence the virulent anti-Blackness endemic to the United States.

This white/Black oppositionality is the foundation of white supremacist culture: a colonial mindset that systemically, structurally, socially, and ideologically promotes the notion of white superiority by privileging whiteness in virtually all facets of society, while attempting to vanquish the non-white Other. Whiteness is essentially the passport into the exceptional space that is American identity, as defined by the Anglo-Saxon myth. To be non-white is to be "other" than American, especially ironic with regard to Native American peoples. It is only in understanding the complex and insidious nature of white supremacy that the church will be able faithfully to challenge it.

White Supremacy and Anti-Blackness

Today's reality of Black people being assumed guilty, viewed as dangerous and threatening, and accosted for "living while Black" has been long in the making. It is the consequence of an anti-Black narrative that is woven into this nation's core identity and deeply embedded in the American, if not Western, collective consciousness. This narrative has its roots in the earliest European incursions into the African continent.[1]

While ancient Greek and Roman scholars were certainly chauvinistic when it came to the bodily aesthetic of their own people, there is little evidence that racialized color prejudice, as known today, was integral to their thought or culture. It must be said, however, that the Greek philosophical tradition, particularly as reflected in the work of Aristotle, planted a fertile seed for the anti-Blackness narrative that would come to define Western thought.

Aristotelian thought laid the foundation for racial hierarchies that defined Black people as inferior. To justify Greek superiority, Aristotle equated climate with human disposition and nature. He argued that extreme climates produced intellectually, if not also morally, inferior people, whereas moderate climates, such as that of Greece, produced superior people who were well disposed to rule. Furthermore, Aristotle suggested that complexion resulted from climate. He argued that extreme cold produced an inferior pale people, while extreme heat produced an inferior dark people, such as the Africans, whom he described as having "burnt faces" (the original meaning of "Ethiopian"), implying a people burnt by the sun. The seeds of Aristotle's racial hierarchy, however, did not fully come to fruition until the earliest Europeans, primarily the English, encountered Africa.

Skin color mattered to the English, just as it had to Aristotle, and they readily described the first Africans they encountered as "black." This was not a benign signifier. The *Oxford English Dictionary* documents how blackness was used as a sign of vileness, danger, and evil, in contrast to whiteness as a sign of innocence, purity, and goodness.[2] As far apart as the African complexion was from the European, the meaning of blackness depended on whiteness: describing Africans as "black" ensured that the Eurocentric gaze would never, and could never, be innocent. This was the beginning of an anti-Black narrative that provided the aesthetic justification for enslavement and other violent acts against the bodies of Black men and women. Skin color was not the only physical feature that astonished the early white intruders and pillagers of Africa. Europeans also noted the fullness of the Africans' lips, the broadness of their noses, and the texture of their hair. When these aspects were coupled with the dissimilarity of dress, customs, and religious practices, the European interlopers became convinced that the "blackness" of the Africans was more than skin deep. They believed it must penetrate the very character and soul of the African people, if the Africans even possessed souls, which was a matter of some debate. Given this penetrating blackness, the Europeans were confident that the Africans were so thoroughly uncivilized as to be more beast than human, and in no way divine.

The assertion that Africans were beastly, which was frequently employed in European travelogues, implied not only that Africans were wild and uncivilized, but also that they were hypersexualized. As historian Winthrop Jordan points out, the terms "bestial" and "beastly" carried sexual connotations in Elizabethan English. Thus, when an Englishman described the Africans as beastly, "he was frequently as much registering a sense of sexual shock as describing swinish manners."[3] Compounding this evaluation was the unfortunate circumstance that the Europeans' first encounter with African people coincided with their first encounter with the animals of Africa. Only a small leap, therefore, was required by the European imagination to conceive of a connection between African apes and African people that went far beyond geographical location. Once such a connection was established, it was an even easier leap of logic for the Europeans to assume, as Jordan notes, "a beastly copulation or conjuncture" between the two groups.[4] Blackness came to signal a people who were both grossly uncivilized and dangerously hypersexualized.

This anti-Black narrative was deployed in the public forums of Europe through scientific, philosophical, literary, and religious discourse, and became deeply embedded in the Western psyche. It is about far more than simply a chauvinistic repulsion to skin color and cultural differences. The anti-Black narrative negates the very humanity of a people and portrays them as dangerously uncivilized, leading Europeans, and eventually white Americans, to regard Black people as a group needing to be controlled and patrolled to protect civilized humanity, which, of course, is composed of pure and innocent white people.

This brings up the second troubling narrative intrinsic to U.S. national identity: Anglo-Saxon exceptionalism, which relies on anti-Blackness to sustain it.

Anglo-Saxon Exceptionalism and White Supremacy

When the nation's Pilgrim and Puritan forebears fled England in search of freedom, they believed themselves to be descendants of an ancient Anglo-Saxon people who possessed high moral values and an "instinctive love for freedom."[5] These early Americans crossed the Atlantic with a vision of a nation that was politically and culturally, if not demographically, true to this "exceptional" Anglo-Saxon heritage.

Beyond the love of freedom and possession of moral integrity, there was a divine component to the Anglo-Saxon heritage as well that traced itself through the ancient woods of Germany to the Bible. The Anglo-Saxons imagined themselves the new Israelites, carrying forth a divine mission to build a religious nation that reflected the morals and virtues of God, which were conveniently synonymous with the virtues and morals of their freedom-loving Anglo-Saxon ancestors. Influenced by the thinking of philosophers such as Aristotle and the English evaluation of the African continent, these newcomers from across the Atlantic carried with them a sense not only of Anglo-Saxon supremacy but also of African inferiority. The narrative of anti-Blackness was very much a part of their beliefs.

This Anglo-Saxon, anti-Black vision was soon shared by this nation's Founding Fathers, such as Thomas Jefferson. While Jefferson was committed to a nation that promised a justice where all could attain life, liberty, and the pursuit of happiness, he was also an unabashed believer in the superiority of Anglo-Saxonism, even studying Anglo-Saxon language and grammar and insisting it should be taught in the university. This Father of Democracy also owned slaves while believing that slavery was contrary to America's commitment to freedom and democracy, and he believed that those who were enslaved were irrevocably inferior to white people. In a letter to a friend, he referred to Black people as "pests to society," and warned that their "amalgamation with other colours [that is, white persons] produces a degradation to which no lover of his country, no lover of excellence in the human character can innocently consent."[6] Building on his anti-Black sentiments in his *Notes on the State of Virginia*, Jefferson argued that the orangutan has a greater preference for Black women than for "his own species," and that black males "are more ardent after their female: but love seems to be more an eager desire, than a tender delicate mixture of sentiment and sensation," adding that "never had [he] found a black that had uttered a thought above plain narration."[7]

Clearly, Jefferson embraced the narratives of Anglo-Saxon exceptionalism and anti-Blackness even though they contradicted his stated vision for America's democracy. In many ways, Jefferson embodied these contradictions—and consequently embedded them into the fabric of the new nation, allowing his whiteness to mitigate his sense of democracy. Jefferson was certainly not the only architect of America's democracy for whom this was the case; the same can be said of Benjamin Franklin and even the so-called Great Emancipator, Abraham Lincoln. Essentially, the founders and framers of the United States' democracy sustained and embraced both the myth of Anglo-Saxon exceptionalism and the anti-Black narrative that undergirded it.

America was envisioned as a testament to the sacredness of Anglo-Saxon character and values as embodied in Anglo-Saxon people.

To safeguard this vision and sense of self, a pervasive culture of whiteness was born, in which skin color alone served to indicate the presence of Anglo-Saxon values. The culture of valuing whiteness came to include other white people who were not Anglo-Saxons, which, in turn, led to the inculcation of whiteness as the dominant cultural norm, because not everyone who looked Anglo-Saxon was actually Anglo-Saxon.

The elevation of whiteness was inevitable after whiteness had come to signify purity and moral innocence, and thus was the only complexion befitting the exceptional Anglo-Saxons. Whiteness became the impregnable wall between America's myth of Anglo-Saxon exceptionalism and those who might compromise it, that is, all persons on the other side of whiteness, including Indigenous persons and those migrating from Asia and Latin America. There was nothing that opposed whiteness more than blackness, not only in color, but also in what blackness presumably signified. Within this opposition of whiteness and blackness a white supremacist culture was born.

White supremacist culture is a culture that systemically, structurally, socially, and ideologically promotes the notion of white superiority by privileging whiteness in virtually all facets of society. White privilege is the unspoken and taken-for-granted system of benefits bestowed upon white people by America's myth of Anglo-Saxon exceptionalism; it fosters and sustains notions of white superiority and Black inferiority. W. E. B. Du Bois referred to these privileges as the "wages" of whiteness.[8] These wages, he said, are not about income. In fact, they supersede instances when a white worker might not be compensated more than a Black worker. The wages of whiteness are privileges that are far more valuable than economic compensation, for they concretize the distinction between white people and Black people. They are "a sort of public and psychological wage" that goes beyond what it means to be a citizen.[9] Simply put, they are the added bonus not only for being Anglo-Saxon enough, but also for protecting the Anglo-Saxon space. They are the privileges to claim space and to exclude others from it, and they are the privileges of assumed moral virtue and presumed innocence.

With the emergence of a white supremacist culture, two things are clear. First, the very notion of white supremacy depends upon the narrative of anti-Blackness, since the ideology of white superiority rests on the idea of Black inferiority. Second, as the historian David Roediger observes, from its very inception America has been a nation where "whiteness was so important,"[10] a sentiment captured by Abraham Lincoln's assassin, John Wilkes Booth: "This country was formed for the white, not for the black man."[11] Put bluntly, the social, political, and cultural foundations of the United States were geared to allow whiteness to stand its ground of superiority. And it has done so by any means necessary. This is what the white supremacist culture that currently defines our nation is about.

White Supremacy and the History of the Church

The process of remembering, retelling, and reliving is necessary to create a new narrative and vision of the beloved community, and the church cannot have meaningful discussions, tell these stories, or even listen to them without first acknowledging the pervasive influence of white supremacy. If the church is to be the beloved community, it must listen to stories from the past that have been omitted from the official record, stories that tell the truth but have not been heard.

Archives are one source. They contain a trove of what has been left out of these narratives. These archived narratives are vibrant stories of real people in marginalized communities and the efforts they undertook to remain faithful members of the body of Christ: Native American Episcopalians, African American Episcopalians and other Episcopalians of the African diaspora, Asian American Episcopalians, and Latinx and Latin American Episcopalians. The church must listen to these voices and these stories, the songs, the pain, and the hope of these communities, as legitimate components of the church's narrative, not as footnotes to the "official version" of its history. When the church reduces the history of others to anomalies, stereotypes, or lone images from the past, it denies the richness of its heritage, as well as the diversity of the beloved community and the dignity of every human being whose experience differs from that of the majority.

Historical White Supremacy: America's Warring Soul

In his classic 1903 text, *The Souls of Black Folk*, W. E. B. Du Bois used the metaphor of "warring souls" to describe what he considered the existential dilemma of African Americans, who are at once both African and American. This warring-soul metaphor aptly captures the story of the United States, a country with "two thoughts, two unreconciled strivings, two warring ideas."[12]

Is the nation going to be an Anglo-Saxon "city on a hill" or a beacon of God's diverse creation? An enslaving nation or a freedom-seeking nation? A Jim Crow nation or a just and equitable nation? A xenophobic and intolerant nation or a multicultural and welcoming nation? A nation where whiteness "stands its ground" by any means necessary or a nation where all may safely live, move, and have their being?

The warring soul of this nation is most obviously manifested today by the very fact that this nation can boldly declare that all are created equal and endowed with the inalienable rights of life, liberty, and the pursuit of happiness, yet elect a vision for the United States that fosters the genocide of Indigenous peoples, the criminalization of Black people, the sexualization of women, the dehumanization of immigrants, and the nullification of transgender persons.

The United States finding itself in a warring-soul predicament is not new, however, for the truth of the matter is that a divided soul is intrinsic to this nation's identity. Current contradictory realities point to troubling narratives that are woven into the fabric of the nation. They are the narratives of Anglo-Saxon exceptionalism and anti-Blackness, both of which provide the foundation for a white supremacist culture.

Defining the Beloved Community

Understanding the problem of white supremacy is the first critical step in the challenging work of building beloved community. The second step is to explore the concept of beloved community itself. The term was coined by American philosopher Josiah Royce (1855–1916), a white man whose study of beloved community provided the foundation for a deeper exploration of the topic by African American theologian Howard Thurman (1889–1981), from whom Dr. Martin Luther King Jr., in turn, most probably derived the term. Through the lens of beloved community, Dr. King saw the African American struggle for civil rights as bringing to light the deepest implications of this nation's democracy: unequivocal love of neighbor played out in personal relationships and civic institutions. Thus, beloved community names both an immediate agenda and a long-term vision. It is also twofold in its belovedness: loved by the people whom it attracts and loved by God.

Looking at Royce's work may cast additional light on what Dr. King meant by beloved community. Royce develops the idea in his last major work, *The Problem of Christianity*, written in 1913.[13] For Royce, the problem inherent in Christianity is the tension between admiration for heroic followers of Jesus and the spiritual trap of competition: we naturally want to outdo our spiritual betters. This competitive instinct can only be overcome by a sustained effort of the will, aided by grace, to envision, create, and discover a network of non-competitive relationships grounded in a common devotion to Jesus. Beloved community is the product of an act of love whereby individuals subordinate their autonomy to the authority of a shared call. Royce is not imagining any sort of exclusive community. Rather, he calls repeatedly for respect for everyone without exception. Only unqualified respect can counter the temptation to compete. But how is the love that wills the beloved community to be sustained? It is sustained by loyalty, which is both the form love takes in its resistance to selfishness and the form it takes relative to a selflessness that remains elusive. Beloved community is a goal, not a possession.

For Royce there is a deeper and more troubling reason beloved community eludes us. If loyalty names our struggle to remain true to the community we envision and love, treason names our willful abandonment of that struggle, however brief or prolonged. When we betray our loyalty to the beloved community, we are wounded and so is the community that has struggled to remain loyal to the cause. The traitors are wounded because they have betrayed their love and can never undo that fact; even if they repent and are forgiven, the shame and the moral burden remain. And the community, even if it forgives, lives with a sorrow it cannot overcome on its own. Forgiveness preserves community by sharing the traitor's shame, but it cannot erase the moral burden. This is not to diminish the immense spiritual value of forgiveness, or to deny that any community that aspires to become beloved community must first be a forgiving community. Nevertheless, the imperative of forgiveness that brings us near to the heart of Royce's work does not bring us all the way. Forgiveness, especially if it goes with truth-telling, can hold a community together by restoring fellowship to sinner and community alike. But both remain imprisoned by what Royce calls "the hell of the irrevocable."[14] In Royce's view, hell is the awareness on the part of the sinner that the sin committed cannot be undone; although it may be forgiven or changed in its consequence, the deed is irrevocable. For Royce, this is the core dilemma Christianity seeks to solve.

The only way out of this impasse is atonement. Although Royce often treats atonement and reconciliation as synonyms, for him they are distinct. Reconciliation is realized within and by a community wounded by treason. Atonement is a gift bestowed on the community by an individual or group that manages through some act of spiritual sacrifice or imagination to transform the treason into an occasion for good. Royce's example of this is the story of Joseph, delivered into slavery by his brothers, but enabled in the end to rise to power in Egypt and protect his family from famine. "You intended to do harm to me," Joseph says to his brothers, but "God intended it for good" (Genesis 50:20). Of course, Royce has in mind here the felix culpa leading to God's becoming one of us in Christ. But he also hints at the capacity of any suffering servant to transform a narrative of guilt and shame into a narrative of genuine hope and joy.

What does atonement understood in this way mean for Royce's concept of the beloved community? Whether locally or globally, it is a network of individuals committed to love of neighbor, though beset by spiritual failure. Such a network manages to survive dissolution by developing practices of forbearance and forgiveness. But the capacity and the stamina to hold to these practices relies on the conviction that love wins by making even evil serve good: not as an invitation to do evil that good may come, but through faith that God will bring life out of death.

Royce's notion of beloved community was powerful for Dr. King. Royce is clear that the dynamic that produces loyalty in beloved community transcends race, tribe, religion, and class because it categorically rejects competition. Again, Royce insists that the beloved community is an ideal not yet achieved. This prevents its being uncritically identified with communities that seek beloved community while still bearing the moral burden and the wound of treason. This in turn opens the possibility of an invisible body of people who not only are loyal, forgiving, and/or repentant, but have also experienced atonement and believe in it.

But we can also imagine Dr. King being wary of Royce's atonement as too susceptible to misinterpretation as an easy fix. The traitor must first be awakened to remorse by the suffering servant, painfully entering the ranks of the beloved, before knowing the cost of atonement to the suffering servant(s) and accepting the cost of that gift, namely, forswearing being better than anybody. Royce said it, but King's life's work sharpened it.

Howard Thurman discussed the relation of his thought to Royce's in a lecture delivered in the Marsh Chapel at Boston University in 1951.[15] He claims the importance of the concept of beloved community and Royce's related notion of loyalty for racial justice and, ultimately, racial reconciliation. According to Thurman, beloved community is the fruit of genuine respect and love for every other human being, based on a shared need for and commitment to endlessly expanding boundaries of care. It is loyalty to this idea that is the "nerve center" for the realization of authentic, open-ended human community, and such sacrificial loyalty is the dynamic that gives the word "beloved" its ballast and thrust. But Thurman moved beyond Royce to insist that loyalty must move beyond individual commitment to organized action.

Beloved community is not merely an ideal, but a present struggle. Royce was a pacifist, and Thurman was an advocate for nonviolence. This was consonant for both thinkers, as shown in a willingness to be in genuine dialogue with both the stranger and the enemy. But for Thurman, this embrace of peace over war had to go hand in hand with practical strategies for common action. His response to white supremacy embraced nonviolence not as docility but as active resistance.

God Calls Us to Beloved Community

Understanding white supremacy as the primary barrier to beloved community and understanding precisely what the goal of beloved community entails makes it possible to explore the theological grounding of beloved community, and how to achieve that goal.

In Christ the entire cosmos is being reconciled to God, forming all creation into beloved community. This great work of atonement is the mission of God, and the church is called to participate in this mission. God's mission takes place in a world that is broken and far away from the *shalom* that God seeks to establish in Christ. Both individuals and the church are mired in brokenness and sin. White supremacy has been manifested both as the sins people commit (actual sin) and as the inherited stain that disfigures and corrupts subsequent generations (original sin). The Episcopal Church has fully participated in white supremacy, and this participation has been a barrier to forming beloved community. The church has often landed on the side of division and alienation rather than reconciliation. Nevertheless, sin and brokenness are not the last words of the human situation. The good news of the gospel is that in Christ, God is reconciling all things, the holy work in which Christians participate.

Notes

1. This argument draws upon Kelly Brown Douglas, *Resurrection Hope: A Future Where Black Live Matter* (Maryknoll, NY: Orbis Books, 2021).
2. *Oxford English Dictionary*, s.v. "blackness," https://www.oed.com/view/Entry/19755?redirectedFrom=blackness#eid, accessed February 11, 2022.
3. Winthrop D. Jordan, *White over Black: American Attitudes towards the Negro, 1550–1812* (Chapel Hill: University of North Carolina Press, 1968), 33.
4. Jordan, *White over Black*, 31.
5. Tacitus, "Germania," translated by Thomas Gordon, in *Voyages and Travels: Ancient and Modern, with Introductions, Notes and Illustrations* (New York: P. F. Collier and Son, 1910), Internet Medieval Sourcebook, https://sourcebooks.fordham.edu/basis/tacitus-germanygord.asp.
6. Thomas Jefferson to Edward Coles, August 25, 1814, National Archives, Founders Online, https://founders.archives.gov/documents/Jefferson/03-07-02-0439.
7. Thomas Jefferson, *Notes on the State of Virginia* (New York: Harper and Row, 1964), http://xroads.virginia.edu/~hyper/jefferson/ch14.html.
8. W. E. B. Du Bois, *Black Reconstruction: An Essay toward a History of the Part Which Black Folk Played in the Attempt to Reconstruct Democracy in America, 1860–1880* (New York: Harcourt, Brace, 1935), 700.
9. Du Bois, *Black Reconstruction*, 700.
10. David Roedinger, *The Wages of Whiteness*, third edition (London: Verso, 2007), 86.
11. Ta-Nehisi Coates, "The Case for Reparations," *The Atlantic*, June 2014, https://www.theatlantic.com/magazine/archive/2014/06/the-case-for-reparations/361631/, accessed February 11, 2022.
12. W. E. B. Du Bois, *The Souls of Black Folk* (n.p.: G & D Media, 2019).

13. Josiah Royce, *The Problem of Christianity* (Washington, DC: Catholic University of America Press, 2001).

14. Royce, *The Problem of Christianity*, 162.

15. Howard Thurman, "The Meaning of Loyalty #1," May 6, 1951, Marsh Chapel, Boston University, 31:12, http://archives.bu.edu/web/howard-thurman/virtual-listening-room/detail?id=341418. Thurman's argument is developed in five succeeding lectures, collectively titled "The Meaning of Loyalty," given May 13, May 20, May 27, June 3, and June 20, 1951, http://archives.bu.edu/web/howard-thurman/virtual-listening-room/results?query=subj:376057.

2

Beloved Community: How We as the Episcopal Church Learn to Listen

Listening as an Imperative First Step Toward Beloved Community

At this stage in its history, the Episcopal Church cannot just announce to the world that we are now ready to take up our place as a site of God's beloved community. To become such a site, we must listen. Listening, though, cannot simply be an act of will. We as a church are so deeply enmeshed in the whiteness of our society that our capacity to listen has been compromised, rendering us selectively deaf to many of the voices we should hear.

We need to hone and reform our listening skills to truly hear the stories of others and become aware of their journeys. We need to listen to scripture, the patristic writings, our liturgical formulae, and the stories of the silenced, both in the past and in contemporary society. We do so to better learn the shape, life, and practices of God's beloved community.

In learning to listen with the ears of the beloved community, we listen not only for what can be heard but also for what is left unsaid, as in, for example, using the lens of gender. When Noah listens to God and becomes an instrument by which humanity is saved from destruction, the names of half of the humans saved, that is, the names of the

First reported to the House of Bishops in September 2020

women, are not recorded (Genesis 6). Then there is the account of the woman who anoints Jesus but remains unnamed (Luke 7:36–50). We also need to hear clearly that the disciples dismiss the resurrection stories of the women in both Luke's and John's Gospels, insisting that they must see for themselves in order to believe (Luke 24; John 20), just as we must hear in Mark's Gospel that the women tell no one what they have seen at the tomb because they are afraid (Mark 16).

Listening through the Scriptural Witness

Throughout scripture, communities struggled with exclusion and inclusion, and we read the painful stories of insiders and outsiders scattered throughout the sacred texts. Listening brings us to a deeper understanding of our own role in the reality of racism and the dynamics of privilege, and it allows us as the church to own our failure to hear, appreciate, and incorporate the stories of the marginalized. Listening is a key part of our mandate both to embrace the work of building beloved community and broaden our understanding of it. Scriptural texts repeatedly emphasize the importance of listening and provide numerous warnings as to the consequences of not listening.

The Call of Abraham (Genesis 12:1–3)

God calls a people into being, promising them blessings, and assigns them the vocation of being the vehicle by which God's blessing will come to all nations. Abraham listens to this call to participate in God's mission. Abraham and his descendants are not always successful in their listening, but they persist in trying to listen and respond to God who first called them.

"Hear, O Israel!" (Deuteronomy 6:4–9)

The call to single-minded, wholehearted love of God begins with the call to listen. The passage continues with a set of practices for speaking about, listening to, and remembering God's words.

Isaiah's Warning (Isaiah 6 and Isaiah 60)

When we fail to listen to one another, God sends the prophets to call the people of God back to listening and attending to God's mission. Ironically, when we most need to listen to the prophets, our sin renders us unable to hear. The prophets point out and struggle against our inability. This is especially clear in the call of Isaiah. Isaiah is called to speak to a people who cannot, and will not, hear and respond. Nevertheless, he speaks, ultimately calling the people to a renewed and expanded vision of God's beloved community (Isaiah 60).

Wisdom and Foolishness (Matthew 7:24)

At the end of the Sermon on the Mount, Jesus reminds his audience of the importance of being doers of the word as well as hearers. Jesus celebrates the occasions when our sharing of the word bears fruit. This occurs when that sharing is grounded in our call to listen to the stories of others, especially those whose stories have been ignored or passed over.

The Spirit and the Disciples (Matthew 17:5)

The outpouring of God's Spirit for our hearing is emphasized in the Transfiguration of Jesus, a pivotal moment in his ministry. After the disciples are overshadowed, presumably by the Holy Spirit, the Father's voice announces, "This is my son whom I dearly love; listen to him."

The Promise of the Spirit (John 14:26)

At the end of his ministry, Jesus promises his followers that the Spirit will be sent to help them to listen to and remember his words. One of the many outcomes of listening is that it moves us to a place of action, seeking to expand our participation in the beloved community.

Pentecost (Acts 2)

Pentecost blends the rigors of diversity with the discipline of unity: "The disciples were all together in one place." It is the feast of the great democratization of Christianity; the Spirit gets to the root of the wildness, not just the wideness, of God's mercy and curious love for all people and all creation. It is a contextualized call to open wide the gate of God's love to all and insists that all means all! It moves the church to become more curious, compassionate, and hospitable.

Becoming Doers of the Word (James 1–2)

James calls us to be quick to hear and slow to speak, and to receive with meekness the implanted word. The scriptures move us to a place of action. We learn that when we hear the word, we are called to be doers of the word as well. So often, we have begun our ministries from a place of doing, acting from assumptions about ourselves and others. James reminds us that while our doing is important, unless we begin by listening, our ministries are not ones that seek to serve the beloved community.

James helps us keep our focus on the importance of listening, particularly to the stories of the marginalized. Our easy default can be to pay attention to those in power, but James calls us to listen to those who have been moved aside, ignored, and overlooked in our partiality to the powerful.

Inclusion through Listening: The Story of the Acts of the Apostles

Pentecost made the church more curious about the Other by recognizing the Spirit in Gentiles, thus including other worlds that would enrich everyone. Including other worlds assumes a willingness to change our worldviews. For example, when a deaf person who uses American Sign Language joins a circle, it changes how people live and move and have their being, to paraphrase scripture. Within different languages are worldviews to be mined, challenged, savored, and allowed to act as agents of change.

The curious Spirit of Pentecost led to church growth. More people and more diversity led to more clarity about the needs of the world because more worlds were in closer proximity. The ordination of deacons nurtured the practice of loving service, making the church more compassionate, prioritizing the needs of the neighbor. Finally, Pentecost opened the church to be more hospitable.

The first threshold that the church crossed was one of hospitality, in the negation of dietary restrictions. Dietary distinctions are an ancient dichotomy based on the ontology of all things having their gradation in the purity/pollution grid. The roots of racism, casteism, ableism, and gender and sexuality discrimination are all to be found in this purity/pollution cauldron. The nascent Christian communities brought Jews and Gentiles of different ethnicities into a single body of diverse believers who were united in Christ. This was by no means an easy task; the Book of Acts relates some of the challenges of executing it. In one scene, God calls Cornelius to send for Peter, whose vision of a sheet has challenged his understanding of community. Ultimately, Peter listens to God and eats what is set before him, understanding that he must break down barriers. In one fell swoop, ancient assumptions are destroyed in Peter's vision: "What God has made clean, you must not call profane" (Acts 10:15). Peter eats with Cornelius, a Gentile, and Peter's Jewish friends are scandalized. But Peter tells his angry friends that Cornelius and his family have received the Holy Spirit, just as they have. The friends listen to Peter's testimony and change their minds about what constitutes community. Thousands of years of epistemology come crashing down.

As more and more Gentiles join this predominantly Jewish group of followers of Jesus, the stresses of bringing these two traditionally hostile and alienated groups together become so challenging that the early church gathers in Jerusalem to resolve matters of how, and under what conditions, to embrace Gentile followers of Jesus. Peter again plays a crucial role, telling the story of how Gentiles have received the Spirit just as they have, advocating for his Gentile brothers and sisters in Christ. James and the others listen to Peter's testimony and give voice to the movement of the Spirit: Gentiles are welcomed into the church.

Listening through Liturgy

Liturgy provides a venue in which we practice listening. While much of liturgy involves us talking to and about God in prayer and praise, there are spaces in which we are invited to listen, particularly in the many silences possible within the liturgy. Too often, presiders and communities rush through or omit these silences, missing opportunities to hear the voice of God.

Furthermore, liturgy presumes a context of individual spirituality, in which we are already listening for God through individual prayer and Bible reading. There is a contemplative dimension to Christian spirituality that individual believers cultivate through silent prayer in God's presence, which then becomes the context for our liturgical participation. Reflecting on the writings of John of the Cross, and on the prologue to John's Gospel, Thomas Keating reminds us that God's first language was silence, and that everything else is a translation. As John of the Cross put it, God spoke one Word (the Logos), and that Word speaks "ever in silence, and in silence it must be heard by the soul . . . wisdom enters through silence."[1] In our individual and corporate lives, we listen for God in silence as well as in the liturgy. We must ask ourselves what role the sacraments play in helping us overcome our sin, especially the sin of white supremacy, so that we might move toward the beloved community we wish to be.

Baptism and the Beloved Community

White supremacy is one form of identity. It violates the new order established by our common baptism and refutes our claim to follow Jesus. But baptism forges a new people, conferring on the baptized person a new identity. All our old identities and roles are subsumed under our identity as a baptized person, a member of the Body of Christ. In contrast to what the world teaches, baptismal water is thicker than blood, and through it all ties of race, tribe, clan, and nationality are displaced by our new baptismal identity. Baptism makes the newly baptized into a servant of the beloved community.

Baptism's purpose is multifaceted. In the water of baptism, we are united with Christ in his death and resurrection; we are washed of sin and reborn. We are adopted as God's children and formed as a royal priesthood out of every family, language, people, and nation, erasing the dividing walls between us (Ephesians 2:14). After baptism, there truly is "no longer Jew or Greek, there is no longer slave or free, there is no longer male and female, for all of you are one in Christ Jesus" (Galatians 3:28). Therefore, if we take our baptism into Christ seriously, we can no longer regard others from a human point of view, because in baptism we each become a new creation (2 Corinthians 5:15–16). After baptism we no longer live for ourselves, slaves to sin and our competitive instinct. Instead, we live for Christ, who reconciled us, making us members of his body. We see others as members of this same body to whom the message and ministry of reconciliation have also been entrusted. All of us are united as ambassadors for Christ, God making his appeal through us (2 Corinthians 5:14–20).

Baptism is an experience of rebirth—we are a "new creation." The rebirth of baptism is not just a spiritual cleansing; it is a new identity. Baptism is both pool and forge; as we are bathed, so are we also made new. Justin Martyr asserted that those who are baptized are "regenerated."[2] Cyril of Jerusalem described the catechumens' renunciation of Satan as breaking their "former treaty with Hell," and their physical turning from west to east as they then made their profession of faith as "symboliz[ing] this change of allegiance."[3] The renunciations and adhesions in the 1979 Book of Common Prayer's baptismal rite similarly constitute a transfer of allegiance, as we reject "Satan . . . the evil powers of this world . . . all sinful desires," "turn to Jesus Christ," and "promise to follow and obey him as [our] Lord."[4] The Thanksgiving over the Water notes that through baptismal waters "we are reborn by the Holy Spirit" and through baptism "we bring into [Christ's] fellowship those who come to him in faith."[5] The prayer book portrays baptism as creating a new identity for the believer.

This thematic element in baptism was eclipsed over time. One factor was the increasing prevalence of infant baptism, normative in the medieval and early modern periods: it is difficult to speak of baptism as a deliberate renunciation of old practices and conversion to a new way of life when the only candidates are infants in the first weeks after birth. At the same time, the relationship between the church and the surrounding culture was perhaps too cozy, in the post-Constantinian order of "Christendom," to make it easy to see the ways that allegiance to Christ contrasted with allegiance to the world. It has taken a long time for Anglicans to recover the idea that baptism has social implications, and the revision process that produced the 1979 Book of Common Prayer rewrote the baptismal liturgy.

Baptism washes away sin, and, when lived into, also washes away privilege, which is a primary obstacle to the beloved community. Properly understood, baptism submerges all of our markers of status and other characteristics under our identity as followers of Christ and members of his body. Privilege stubbornly persists when Christians forget our common baptismal identity and fail to recognize that in place of privilege, all of the baptized are drawn into a shared, royal priesthood. This is good news to all, both to those who have been marginalized and to those who have perpetrated that marginalization. Baptism washes us of the sin of human constructs, such as white supremacy, and points us toward a new way of being and living as the beloved community.

Baptism is both punctiliar and linear: it is a one-time event, but it is also something we spend our lives living into. For those old enough to choose baptism, it requires preparation, as it does for the parents and sponsors of baptized infants. Post-baptismal formation is required of us all, child and adult, as we seek to live out the life-defining promises and new life made in baptism.

Because the baptism of adults and older children involves changing one's commitments and reorienting one's life around a new identity in Jesus Christ, baptismal preparation must be serious, substantive, and lengthy. It is about acquiring new habits of reflecting upon life experiences, which provide tools for a new way of living. It must also engage with the disruption that this change in identity can entail. As the scholar Aidan Kavanagh puts it, good preparation functions as a sort of therapeutic intervention for those in the process of conversion.[6] Baptismal preparation should emphasize that the new identity assumed in baptism takes precedence over all other commitments and identities, no matter how important or dear those allegiances may have seemed in the past.

Because baptism makes a total claim on the life and identity of the candidate, the liturgy itself should be enacted with boldness and serious joy. Baptisms with minimalistic use of water do not convey the all-consuming, overwhelming change that baptism means and that the church intends. Minimalist symbols and practices imply minimal change, and perhaps also reflect our own discomfort with the reorientation of life to which baptism calls us. Baptism, in its use of water, should evoke the drowning of the old identity; it should, when chrism is used, evoke the royal anointing of priests and prophets.

Because white supremacy is such a pervasive reality, living the baptized life means taking seriously the promise in the baptismal covenant to repent when we fall into sin. We are called to repent both of our individual transgressions and of our participation in systems of oppression, those "evil powers of this world which corrupt and destroy the creatures of God" (Book of Common Prayer, 302). The baptismal covenant calls us to recognize that sin is more than conscious, individual choice alone.

Eucharist and the Beloved Community

Our baptism is renewed each time we share in the Eucharist, which is itself the third, repeatable component of the baptismal rite of washing, laying on of hands, and first communion. Each time we share in the Eucharist we are put in mind of our unity in the Body of Christ. When we break bread we are given eucharistic companions not of our own choosing. We are reminded of Augustine's invitation to the newly baptized: "Be what you can see, and receive what you are."[7] As we receive the Body of Christ, we are molded into the body of Christ. But this participation in the sacrament of the Body also carries an admonition, as Augustine reminds us: "Any who receive the sacrament of unity, and do not hold the bond of peace, do not receive the sacrament for their benefit, but a testimony against themselves."[8] Eucharistic participation, as we share in the one loaf and one cup, undermines the dividing walls that we establish between ourselves. This participation is itself an anticipation of the messianic banquet at the end of the age, at which the guests are drawn from every people and nation. This is God's vision for all of humankind.

Systems of privilege, such as white supremacy, threaten the eucharistic assembly. Those who choose to remain divided by old allegiances when they come to partake of the Body and Blood eat and drink their own condemnation (1 Corinthians 11:29). Conversely, the occasion of persons of all races sharing the common cup has historically been a witness to unity.[9] This unity does not erase our heterogeneity, but rather draws diverse individuals together as members of the Body of Christ and servants of the beloved community.

The church has historically struggled to realize this baptismal vision. The odious disparity between the rhetoric of unity in Christ and the institutional history of racial discrimination is particularly pronounced. For example, to assuage the anxieties of slave owners, the Church of England declared that baptism did not give slaves a claim to freedom. Slave owners in colonial America often were reluctant to receive communion at the same altar as their slaves, and in the nineteenth-century South, it was common for Black parishioners to receive communion only after it had been received by white parishioners.[10] After the Civil War, white southern Episcopalians continued to obstruct African Americans from taking their rightful place in the church, and as late as the 1950s and 1960s, white Episcopalians at parishes throughout the South sought to bar African Americans from worshipping.[11] Once bishops began to enforce canons that forbade segregation, some whites simply left. Nor is the Episcopal Church in the North immune from this critique. Throughout the United States' northern dioceses, and indeed throughout the nation, there are historically African American congregations forged in the crucible of segregation.

The Episcopal Church has often failed to live into the unity that our baptism demands and that our eucharistic fellowship is supposed to enact. But past failures by institutions and individuals do not negate the obligations of baptism. The church must repent of its failings, acknowledge our complicity in past oppression, and resolve to do better.

Together, we can recommit ourselves to the witness of unity in baptism, lived out each week when we gather to receive the Body of Christ. We pattern our lives on the sacramental witness of baptism and Eucharist; we point toward our shared identity as sisters and brothers in Christ, adopted children of God.

Listening through Narrative

Narrative Matters to God's People

Having reflected on four things—the sin of white supremacy, the goal of beloved community, the scriptural and liturgical mandate to listen to God and to one another, and the role of the sacraments in bringing about reconciliation and healing—we turn to the role that stories play in bringing about beloved community. Stories are the framework for meaning. They are the principal way we interpret our worlds. By itself, the present has little meaning if it is not grounded in a larger story that has a past and anticipates a future. Indeed, this lack of grounding is part of what ails us as a society. With little sense of the past, it's hard to make sense of the present. Stories and storytelling hold a central place in the cultures of all peoples, each with a rich tradition and understanding of its life-giving sacred power.

Stories are our connection with others in both time and space. We meet someone and start learning about them: where they are from, what they do, who their relations are. Then we weave together a narrative about them and connect it with ours. After an encounter, the story expands as we call our spouse or friend and say, "I just met the most interesting person. She's on her way to San Francisco and likes opera and grew up in New Jersey." Then the person on the other end of the line says, "Really? I was once driving through New Jersey listening to an opera," and we're off. One story leads to another story as a communal story gets told. Conversation leads to communion, and if it's deep enough, it also leads to conversion.

Humans are wired for story; without it we'd live in a meaningless universe, unable to locate ourselves in space or time or community. We build a narrative that gives meaning to our current state. Story is the glue of community, the means of being human, and the mode of understanding the world. To quote author Zora Neale Hurston, "There is no agony like bearing an untold story inside you."[12]

Stories also provide an entrance into the holy, helping us manage and understand some of our faith's deepest and most profound mysteries. For example, when people asked Jesus about the deepest mysteries, he could not answer them directly. Instead, he said, "The kingdom of heaven is like treasure hidden in a field" (Matthew 13.44). Stories are what we remember. If you ask someone at the end of a sermon what they remember, it will be a story.

We each have our own story, and we seek to connect it to the never-ending story of the Lord dying and rising, which in turn connects us to the Body of Christ. Our story is death and resurrection. Our story is that history has a trajectory. Our story is that God is working out the divine purpose, here and now, and invites us to participate in that divine work. To our amazement, something happens to the teller as the story is told. The Jewish theologian Martin Buber wrote, "The story is itself an event and has the quality of a sacred action. . . . It is more than a reflection—the sacred essence to which it bears witness continues to live in it. The wonder that is narrative becomes powerful once more." He told the following story to illustrate his point:

> A rabbi, whose grandfather had been a pupil of Baal Shem Tov, was once asked to tell a story. "A story ought to be told," he said, "so that it itself is a help," and his story was this: "My grandfather was paralysed. Once he was asked to tell a story about this teacher and he told how the holy Baal Shem Tov used to jump and dance when he was praying. My grandfather stood up while he was telling the story and the story carried him away so much that he had to jump and dance to show how the master had done it. From that moment, he was healed. This is how stories ought to be told."[13]

We don't simply tell a story; we enter it. We enter its world and become part of it. We go through the wardrobe and are in Narnia. We Christians come together to reenact the story: "On the night before he died, he took bread." When we hear that narrative, we are in a room in Jerusalem two thousand years ago, and we are here, and we are at the great banquet with angels and archangels and all the company of heaven.

If we as a church are to go deeper in our faith, we need to recover story as the center of that faith. But we need to ensure that the story we proclaim is wide enough and deep enough to be true. Christianity is a love affair with the living God, and the entrance is the stories of that love affair as it has played out over these many centuries. This means we need to know the story. Then we need to share our own stories to discover the breadth, depth, and width of salvation because the heart of evangelism is sharing stories. People want to know what difference Jesus has made in our lives, and our calling is to make the connection between their story, our story, and the gospel story. Because we are always in process, the story we tell must be reviewed and revisited. The church's story in 1970 is not its story in 2019. How can we have a story without Gene Robinson or Katharine Jefferts Schori or Michael Curry? We must widen our own story by connecting it with others and their stories. Such an effort is not only the means to get to a true story but also a means of growth.

It is difficult to embrace the stories of others in their fullness, but it is a sin not to do so, and it is a sin to ignore our own tendency to create self-serving narratives. The Nigerian writer Chimamanda Ngozi Adichie describes this beautifully: "The single story creates stereotypes, and the problem with stereotypes is not that they are untrue, but that they are incomplete. They make one story become the only story."[14]

In addition, we must avoid reaching to grasp some transcendental truth in our narratives that is devoid of the warp and woof of our daily lives. If we do, we will live in abstractions, or we will shrink the Christian mystery to a small story that merely advantages us. It is time for us to acknowledge how self-serving many of our shared stories are and open them up instead by listening to other voices.

Narrative Matters to the Building of Beloved Community

The building of beloved community is a spiritual practice of relationship through sustained effort of the will, aided by grace, to envision and create a network of non-competitive relationships grounded in a common devotion to Jesus. One way to begin this spiritual practice is through the listening and sharing of stories, allowing truth-telling to dismantle the narrative of white supremacy that is a barrier to building beloved community. We cannot deny that too often our institutions have acquiesced to the larger cultural narrative of white supremacy. Becoming beloved community will require a committed, intentional coalition of faithful leaders who fully understand the historical elements that have led to white supremacy in America. The narratives of the grief and hope of God's people in the Episcopal Church come not only from within the institutional church but also from within the daily lives of the people who share the stories. These stories vividly illustrate the intersectionality of racism, sexism, homophobia, and xenophobia, among other prejudices.

Understanding the important role narrative plays in bringing about positive change is critical, but of equal importance is recognizing the narratives that already exist within our culture, and the negative impact those narratives have on our lives as a church and as a people. Narratives are constructed. A labyrinth of meaning organizes the complex realities within which human beings find themselves. Narratives also inspire a way of living in a world of other human beings and creaturely life forms. An ongoing infusion of reason into the shared narratives makes the meaning–system seem true, enduring, and beneficial for all life. Christian narratives, specifically, confer meaning, provide instruction on how to live, and create a worldview and way of life centered on the incarnation, life, death, and resurrection of Jesus Christ.

In our present context, there are important narratives in circulation. Each of these narratives vies to capture the imagination and allegiance of individuals and communities. The teaching of the Episcopal Church's bishops must make manifest the gospel of the word and sacrament in these various narratives, of which there are three major contenders.

The First Narrative: The Nation-State

Whether it be the "Make America Great Again" slogan or the "Keep America Great" chant, the narratives of the nation-state are propped up by violent systems and toxic religious and secular subtexts. Not confined to the United States, these narratives rely on the bonds of citizenship and include a vision of an empire. Domination replaces self-emptying, and rituals of violence—rather than reconciliation—are routinized. Coercive power over its people complements a nation's aggressive stance against other nation-states. The nation exists as a dominant idol that demands that all other divinities serve its expansion.

The Second Narrative: The American Church

The narratives of the national churches sprout and grow within the ethos of the nation-state. These narratives assure a special people of a great country's blessings promised by God and are embedded in the culture of privilege. The gods of the nation-state dance elegantly with the idols of Mammon, upheld by the bonds of national religion. The Word is sacrificed for soothsaying, and the sacraments are beholden to the piety of the age. To invoke Martin Luther King Jr., the national churches are "content with being the thermometer that records the ideas of popular opinion" rather than serving as "the thermostat that transforms the mores of society."[15]

The Third Narrative: The Blessed Kingdom-People

These narratives are whispered, chanted, drummed, lamented, and told by the folk who live between the categories of the poor in spirit (Matthew 5:3) and the reviled and persecuted (Matthew 5:11). They are usually murmured by victims of the nation-state and the national church. Bonds of affliction knit these stories together. Those who tell these tales of pain and joy, despair and hope, fracture and faith, bear the marks of systemic violence and systematic violation. They are the poor, the outcast, and the losers in the eyes of the worldly. Yet they are the blessed in the community of Jesus. In the words of Dietrich Bonhoeffer, "The fellowship of the beatitudes is the fellowship of the Crucified."[16]

Many communities of such blessed kingdom-people are connected with the Episcopal Church, some as clients, others as members. The question is: How do we as Episcopalians speak the word and perform the sacraments by incorporating the narratives arising out of our fellowship of the Crucified One?

Unheard Voices: How We Bring the Past to Light

Having discussed these three powerful narratives, it is useful to see how stories from our past as a nation and as a church can help move us toward the beloved community we seek to build. For example, the Broadway musical *Hamilton*, with its multicultural cast and hip-hop lyrics, raises the question of who owns history and who gets to be in charge of the narrative. The brilliant storytelling of the show's creator, Lin-Manuel Miranda, and the stunning experience of listening to those stories told by African American and Latinx performers change our understanding of who we are, where we have come from, and why our nation is the way it is—and perhaps inspire us to do better in the future.

The nineteenth-century British historian Lord Acton famously said: "History is not a burden on the memory but an illumination of the soul."[17] Finding new archived stories of people whose experience has been left out of mainline narratives of the Episcopal Church liberates us from the burden of the past by helping us to understand the past more fully. This project calls us to an enrichment of historical understanding and will allow us to illuminate the soul of the Episcopal Church through a process that moves us toward the beloved community.

Archives—both of the Episcopal Church at large and of dioceses and parishes across the country—are full of rich stories that can change our understanding of ourselves as a church. These archives often prove to be a trove of what has been left out of the prevailing narratives. If we are to be reconciled into the beloved community, we must listen to these stories from the past that have been omitted from the official record, stories that tell the truth but have never been heard before.

These are not dry historical narratives or dusty material in file folders. These are vibrant stories of real people: African American Episcopalians and other Episcopalians of the African diaspora, Native American Episcopalians, Asian American Episcopalians, and Latinx and Latin American Episcopalians. They are stories of what our marginalized communities were doing to be faithful members of the body of Christ. They are much more than stories of oppression.

Furthermore, in addition to hearing these stories, the church must hear these stories in the voices of those who lived the experiences related in them. We must listen to the songs, the pain, and the hope as legitimate facets of the church's narrative, not as mere footnotes to the majority "official version" of what took place. When we reduce the history of others to a single story, stereotype, or lone image from the past, we deny the richness of heritage, the diversity of the beloved community, and the dignity of every human being whose experience differs from the majority experience.

In *Stony the Road: Reconstruction, White Supremacy, and the Rise of Jim Crow*, Henry Louis Gates Jr. describes opening up family history to African Americans, who learn of their ancestors' pasts as slaves, military leaders, political leaders, and heroes and heroines of history. Indigenous/Native peoples are also finding creative ways of sharing their sacred stories with new generations, understanding that these stories are the lifeblood of their people.[18] They wonder why they themselves have never heard these stories, why the history they were taught in school filtered them out. The church cannot continue to be the thief of others' memories. Only in hearing and telling the stories, and in acknowledging the pain and the church's part in it, can we become the people God calls us to be. We propose two steps:

Tell the stories: Fearlessly own lived experiences by saying what went on behind closed doors. Share what it felt like to be excluded. Talk openly about who was or was not at the table and why some people's experiences were excluded. Reveal the complexity of the forces that make up the life of the church, including faith, theology, love, politics, ambition, money, and class.

Listen to the stories: Be aware of what the church did not know or would not hear. Revise our understanding of what happened. Honor the experiences of others. Discover how God has been present in ways we could not or would not see. Grow in our own abilities to reconcile and to be reconciled.

The Indigenous/First Nations/Native American Experience in the Episcopal Church

When the Jamestown Charter was written in 1606, the British Crown and the colonial government it established had long considered those living on the lands now known as Virginia to be "savages" and "infidels," folks who were in no way equal to those invading their shores. From the beginning of contact, the subjugation of Native peoples was a commercial and real estate venture first, and a religious endeavor a late second.

> We greatly commending, and graciously accepting of, their desires for the furtherance of so noble a work, which may, by the providence of Almighty God, hereafter tend to the glory of his divine Majesty, in propagating of Christian religion to such people, as yet live in darkness and miserable ignorance of the true knowledge and worship of God, and may in time bring the infidels and savages, living in those parts, to human civility, and to a settled and quiet government.[19]

Even though the Powhatan Confederacy had been a great society and a hospitable and lifesaving host, it was treated with suspicion and outright violence not three years after saving the lives of the ill-prepared city folks who came to found a colony and plantation enterprise. Wahunsonacock—or, as the English referred to him, King Powhatan—in 1609 names the disrespect and violence that was his people's lot for being compassionate and merciful in the face of great need: "Why should you take by force that from us you can have by love? Why should you destroy us, who have provided you with food?"[20] These same invading people, who included the progenitors of the Episcopal Church, did not show the love of Christ to those to whom they were sent to share that same love. From the beginning, Native people showed divine love and creativity, while the colonists reacted with disrespect and violence.

From both church and state, the ongoing narrative for Indigenous people was that they were to be removed, changed, or destroyed. Robert Warrior (Osage) writes, "Thus the narrative tells us that the Canaanites have status only as the people Yahweh removes from the land in order to bring the chosen people in. They are not to be trusted . . . they are wicked, and their religion is to be avoided at all costs. . . . The covenant of Yahweh depends on this."[21] The entire colonial enterprise, particularly in the Americas, so affirmed the righteousness of the invaders that it became the bedrock of the American culture to this day.

By the time of the American Revolution, many of the tribal peoples of the eastern seaboard had been destroyed by genocide and biological warfare. Early on, the new arrivals learned how quickly Indigenous people died of diseases that were not fatal to the newly arrived. All the original colonies outlawed all Native religious traditions, often imposing a sentence of death for any offender. Religious tolerance, so lauded in history books as essential to American culture, had no place when it came to Indigenous people.

Throughout the early missionary period, the westward expansion, and the "frontier spirit" days, Native people were seen as a problem. White supremacy infused the laws of a new nation, which negated any treaties that had been made between the British Crown and Indigenous peoples and removed Indigenous peoples from their homelands, encouraging land grabs and violence throughout. The church and her missionaries in some places tried to help "the pitiful Indian" but were often too closely tied to territorial governors and wealthy politicians in Washington. Despite all of this, Native Americans received the gospel with great joy, and in many tribes have been faithful for many generations.

In 1995, a group of Native Episcopalians made the move to empower themselves and determine their own destiny. Dr. Owanah Anderson (Choctaw), a longtime Episcopal Native Ministries staff officer, writes, "The assembled from 22 tribes affixed their signatures to a Statement of Self-Determination which proclaimed 'we respect spiritual traditions, values and customs of our many peoples, and we incorporate them as we celebrate the Gospel of Jesus Christ.'"[22] Twenty-five years after that pinnacle moment in Indigenous ministries, over and over the culture of the church leans toward white supremacy rather than self-determination and unique expressions of faith. Anderson, in her preface to *400 Years: Anglican/Episcopal Mission among American Indians*, wrote of "the legacy of 'ecclesial colonialism'—during which missionaries denounced all aspect of native spirituality, and then denied converted native communities the freedom to shape their own churches in response to the Gospel." She concludes that "a declaration of self-determination has indeed been an arduous journey covering four hundred years."[23] Unfortunately, looking back from the vantage point of the pandemic period, we can see little progress in that self-determination. The church has too often turned a deaf ear to the hopes and dreams of Native people, rejecting their many gifts and desiring only to offer a token or two to assuage any guilt.

To Native people, stories are sacred, and the speaker should choose the time and place to share them. Too often when the church asks them to tell "a" story, what the church wants is a story of comfort and support that hides their pain and grief under the rug. Yet the church cannot begin to be whole until the truth of grief and pain is told and reckoned with. Only when the real story becomes the new bedrock of common culture can all the people of God live and serve God as holy people.

The Asian American Experience in the Episcopal Church

Having defined white supremacy, its historical origins, and its sinful existence within the Episcopal Church, we would be remiss if we did not point out that white supremacy has taken many forms: most virulently in the form of anti-Blackness, but also as an embedded prejudice against Asian Americans, Native Americans, and many other ethnic groups.

In the history of the Episcopal Church the stories of Asian Americans have also been neglected. The history of the Asian mission in the Episcopal Church is marked by the church's apathy and silence in the face of the anti-Asian immigration policies instituted by the United States government from the 1880s to the 1940s. The first Asian Episcopal congregations were founded in the Diocese of Nevada in 1874. Through the evangelism efforts of a Chinese lay missioner named Ah Foo, Good Shepherd Chinese Mission in Carson City and House of Prayer in the neighboring town of Virginia City grew to include several hundred Chinese laborers. Unfortunately, House of Prayer burned down in 1875, and when Congress passed the Chinese Exclusion Act in 1882, which excluded Chinese immigrant laborers from naturalization and land ownership, Good Shepherd Mission did not survive the backlash that came with this act; it was closed.

Despite anti-Asian policies and sentiments, the Asian mission in the Episcopal Church continued to take root, and eight new Asian congregations—Chinese, Japanese, and Korean—were founded in Hawaii starting in the late nineteenth century and in dioceses on the West Coast. But as more anti-Asian policies were enacted from 1910 to 1940, culminating in the internment of Japanese Americans in 1942, no new Asian missions were developed in the Episcopal Church, except for a couple of missions in Oregon and Nebraska (which were not sustained). An apathetic silence was the church's response to the plight of its Asian communities, both in local dioceses and in the Episcopal Church nationwide. Despite this, the Japanese Episcopalians who had to leave their own churches during the internment eventually returned and rebuilt their churches, all of which remain open today. In the wake of the 1965 Immigration and Nationality Act, which opened the doors to new immigrants from Asia, the anti-Asian sentiment and violence began to diminish. Many new

Asian congregations of diverse ethnic and cultural backgrounds were established, and today there are more than 140 Asian churches in the Episcopal Church.

The Asian American experience in the Episcopal Church contains stories of grief and hope, of death and resurrection. These stories and experiences witness the resilient spirit and the redemptive grace of God in Jesus Christ, who did not forsake Asian American Episcopalians in their missionary efforts in the trenches of racist policies and acts. The Episcopal Church must recover and listen to the painful stories and the grief of the Asian American experience, not as a burden of guilt, but as a light illuminating our common walk toward that beloved community to which all God's beloved children are called.

Resources for Moving Forward

Recovering the stories of non-elite and non-white cultures in the United States is a historical and archival project that has its roots in the social history movement of the 1970s. The recruitment of people of color into the profession of history, and the humanities as a whole, has introduced voices that precede the Episcopal Church's reluctant discovery and acceptance of its role in marginalizing those voices.

Like other establishment institutions, the Episcopal Church has benefited from a narrative that, with a few individual exceptions, ignores the achievements of minority cultural groups and relegates their stories to a distant past experienced by long-ago generations of non-white members. For example, a brief survey of *Anglican and Episcopal History* for the last twenty years shows that fewer than twenty major articles on the historical experiences of people of color have been published. Of those articles that have been published, the majority center on the church's attempt to come to terms with slavery.

Historians within the Episcopal Church have, for the most part, attempted to extend the status quo narrative by simply incorporating the stories of non-white members rather than seeking out representatives from within those communities. This is especially true of local parish and diocesan histories, but it is also evident in decades of conferences held by the church's historiographical bodies. This assimilationist/historical approach, dominant during the twentieth century, has been slow to realize that racism is not a historical remnant of the past to be studied with detached regret, but an ongoing realignment of ideological and spiritual significance.

The history profession has recently been exposed to the conversations around what is generally labeled the ideology and practice of white supremacy. Michelle Caswell of the University of California, Los Angeles, in her work on identifying and dismantling white supremacy, has made great strides in uncovering the complicity with white supremacy practiced by historians and archivists.[24] Caswell's work has received wide exposure, including on the website of the Beinecke Library at Yale, where it highlights the way white supremacy permeates the Yale collections.

We members of the Episcopal Church are people of the book, the story, and the parable. In our liturgy, we listen to stories and learn; this is a sacred activity. To listen to the long-unheard stories of our fellow Episcopalians is also a sacred activity. In the words of the poet Alma Luz Villanueva, "The sacred is not in heaven or far away. It is all around us, and small human rituals can connect us to its presence. And of course, the greatest challenge (and gift) is to see the sacred in each other."[25] Listening to stories helps us create a narrative of events, a description of situations, an examination of motives, and an analysis of character to form a coherent picture of the truth and to contribute to our knowledge of how God has been acting in history through the experience of God's people.

Notes

1. John of the Cross, "Spiritual Sentences and Maxims," in *The Complete Works of Saint John of the Cross, Doctor of the Church*, edited by E. Allison Peers (London: Burns Oates & Washbourne, 1934), 3:252–53.
2. Justin Martyr, "First Apology," in *Documents of the Baptismal Liturgy*, edited by E. C. Whitaker, revised and expanded by Maxwell E. Johnson (Collegeville, MN: Liturgical Press, 2003), 3.

3. Cyril of Jerusalem, "Mystagogical Catechesis," in *Document of the Baptismal Liturgy*, edited by E. C. Whitaker, revised and expanded by Maxwell E. Johnson (Collegeville, MN: Liturgical Press, 2003), 31.

4. *The Book of Common Prayer* (New York: Church Publishing, 1979), 302–3.

5. *The Book of Common Prayer*, 306–7.

6. Aidan Kavanagh, "Catechesis: Formation in Stages," in *The Baptismal Mystery and the Catechumenate*, edited by Michael W. Merriman (New York: Church Hymnal Corporation, 1990), 39.

7. Augustine, "On the Day of Pentecost to the Infantes, on the Sacrament," Sermon 272, in *The Works of St. Augustine: A Translation for the 21st Century, Sermons*, Part 3, Vol. 7, edited by John E. Rotelle, translated by Edmund Hill (Hyde Park, NY: New City Press, 1993), 301.

8. Augustine, "On the Day of Pentecost."

9. "A Sermon Preached by the Most Reverend Michael B. Curry, [at] the Installation of the 27th Presiding Bishop of the Episcopal Church and Primate," November 1, 2015, https://www.episcopalchurch.org/posts/michaelcurry/sermon-installation-27th-presiding-bishop.

10. See Nicholas M. Beasley, *Christian Ritual and the Creation of British Slave Societies, 1650–1780* (Athens: University of Georgia Press, 2009), 80, 99, 106–7.

11. Gardiner H. Shattuck Jr., *Episcopalians and Race: Civil War to Civil Rights* (Lexington: University Press of Kentucky, 2000), 12–15, 105–6, 153–54; Stephen R. Haynes, *The Last Segregated Hour: The Memphis Kneel-Ins and the Campaign for Southern Church Desegregation* (Oxford: Oxford University Press, 2012), 11–17, 25, 31, 44–46.

12. Zora Neale Hurston, "Dust Tracks on a Road," in *Folkore, Memoirs, and Other Writings* (New York: Literary Classics of the United States, 1995), 717.

13. Quoted in Johann Baptist Metz, "A Short Apology of Narrative," in *Why Narrative? Readings in Narrative Theology*, edited by Stanley Hauerwas and L. Gregory Jones (Eugene, OR: Wipf & Stock, 1997), 253.

14. Chimamanda Ngozi Adichie, "The Danger of a Single Story," TED Talk, July 2009, https://www.ted.com/talks/chimamanda_ngozi_adichie_the_danger_of_a_single_story, accessed March 24, 2022.

15. Martin Luther King Jr., "Letter from Birmingham Jail," *Atlantic Monthly*, "The Negro Is Your Brother," vol. 212, no. 2 (August 1963): 78–88.

16. Dietrich Bonhoeffer, *The Cost of Discipleship* (New York: Touchstone, 1995), 114.

17. John E. E. Dalberg, Lord Acton, "Appendix I" in *Lectures on Modern History*, eds. John Neville Figgis and Reginald Vere Laurence (London: Macmillan, 1906), https://oll.libertyfund.org/title/figgis-lectures-on-modern-history.

18. Caroline YellowHorn's *Niipáitapiiyssin Life* (Brocket, AB: Medicine Trails, 2002) is an example written specifically for Blackfoot youth to learn their sacred stories.

19. "The First Charter of Virginia; April 10, 1606," Avalon Project, https://avalon.law.yale.edu/17th_century/va01.asp.

20. Peter Nabakov, *Native American Testimony*, revised edition (New York: Penguin, 2000), 43.

21. Robert Warrior (Osage) in James Treat, editor, *Native and Christian: Indigenous Voices on Religious Identity in the United States and Canada* (New York: Routledge, 1992), 97.

22. Owanah Anderson, *400 Years: Anglican/Episcopal Mission among American Indians* (Cincinnati: Forward Movement, 1997), ix–x.

23. Anderson, *400 Years*.

24. Michelle Caswell, *Urgent Archives: Enacting Liberatory Memory Work* (Abingdon, UK: Routledge, 2021).

25. Alma Luz Villanueva, "The Sacred Is Not Heaven or Far Away," *Friends of Silence* 32, no. 5 (May 2019), https://friendsofsilence.net/quote/2019/05/sacred-not-heaven-or-far-away, accessed March 23, 2022.

Reparations and Beloved Community

Creator God, you call us all your children,

inviting us to be renewed in your love

season after season and in every age and time.

We gratefully accept your love and blessing,

acknowledging the abuse and rejection

we as a church have willfully handed out.

We seek your healing streams of life,

aching to honor those whom we have hurt

and repair the broken places.

Abide with us, Creator God,

Father, Son and Holy Spirit,

loving, living and true. Amen.

At the House of Bishops Theology Committee meeting in January 2021, the committee unanimously agreed to work on the topic of reparations, which has become an important topic in the church and in larger society. While much has already been written on reparations in the secular and academic environment, the committee endeavors to address the issue from a theological point of view. It is the committee's hope that this chapter on reparations will lend

---

Reported to the House of Bishops in September 2021

an important theological basis and framework for the ongoing conversations on reparations in the House of Bishops and in the church at large.

The Journey Thus Far

The 75th General Convention, in 2006, adopted three significant resolutions that catalyzed the work of reparations in the Episcopal Church. Resolution A123, Slavery and Racial Reconciliation, named slavery as "a sin and a fundamental betrayal of the humanity of all persons who were involved," called on the Episcopal Church to "acknowledge, reckon with and repent of its history of participation in this sin," urged every diocese to collect and document complicity with and benefits from the institution of slavery in its local communities, directed the Committee on Anti-Racism to study and report to the Executive Council on how the church can be "the repairer of the breach," requested that the presiding bishop designate a Day of Repentance and to hold a service of repentance at the National Cathedral, and requested that each diocese hold a similar service.[1] This resolution was enhanced by Resolution A127, Restorative Justice. It endorsed the principles of restorative justice as an important tool for baptismal living; called on the Anti-Racism Committee of the Executive Council to develop resources to engage Episcopalians in telling the stories of racial inequalities and in restorative justice; invited the dioceses to conduct local truth and reconciliation processes; and articulated the vision of "a Church without racism, a Church for all races." Resolution C011, Church Responsibility in Reparations, directly spoke about reparations by urging the church at every level to call upon Congress and the American people to support "proposals for monetary and non-monetary reparations to the descendants of the victims of slavery."[2] Following on the acts of this convention, some dioceses, in turn, began implementing these resolutions through their local anti-racism committees or by forming special committees on reparations. The dioceses are at different stages of this work, with some having taken an intentional journey of studies and putting aside financial resources for reparations, some others in the middle of the learning process, and others not having implemented these resolutions. This committee's work will perhaps inspire and energize the journey of reparations in every diocese of the Episcopal Church.

A Theological Imperative

Presiding Bishop Michael Curry called the church to claim its identity as part of the Jesus Movement. The Jesus Movement necessitates a proactive response to the demand for reparations. Borrowing from Martin Luther King Jr., Curry described this as a movement toward beloved community. This community is profoundly inclusive, equitable, and defined by love. It reflects God's future where all can enjoy the abundance of life that God has promised. Thus, there appears to be a theological imperative for reparation. To appreciate this imperative, it is important to say something about theological discourse in general.

Theology is God talk. But it is not God doing the talking. Rather, it is human beings talking about the meaning of God in their lives. In this regard, theology is not abstract speculation, removed from human living and social struggles. As the eleventh-century Anglican theologian and archbishop of Canterbury Anselm argues, theology is "faith seeking understanding," particularly in social-historical contexts.[3]

Faith is possible because God has acted in human history, initiating a relationship with human beings. Faith is the human response to God's invitation to be in relationship with God. This is a relationship defined not by doctrines or dogma but by commitment and work. Faith reflects the human resolve to partner with God in mending an unjust earth. In this regard, people of faith are accountable to God's promised future. They are compelled to lead the way in repairing the breach between an unjust present and a just future. This brings us to reparation.

Reparation is a matter of faith. It reflects the faith community's steadfast efforts to foster beloved community. As such, faith communities are obliged to implement a program of reparations that not simply looks back, but decidedly pushes forward. Reparation, therefore, must involve more than compensating or apologizing for past harms. Instead, it must chart a discernable pathway toward the beloved community. In short, faith communities are essentially compelled to sustain a program of reparations that denounces the realities of a sinful past and acknowledges its impact and effects on the present, while transforming present systems and structures in order to construct an equitable and just future. In the end, reparation is nothing less than an act of repentance, for it entails looking back to turn around and do something different. Reparation is fundamental to the very Jesus Movement to which Christians have been called, as seen in Jesus' call to repent for those who would follow him (Matthew 4:17). Reparation is a theological imperative.

The Baptismal Call to Reparation

The vision of God for God's people is wholeness and peace, with all of humanity gathered to God's self. In our baptism, we are brought into relationship with God in Christ; we are also brought into relationship with one another as the Body of Christ. As we live into that relationship, we are called to examine ourselves and our common life, to ensure that our lives and behaviors reflect and foster that unity with God and fellow humans. At points, that self-examination calls us to acknowledge and repent for those parts of our individual lives or our common life that fall short of the call of God in Christ.

The failings in our common life are no less sinful if we have not individually committed them: systemic sins are real sins, and complicity is a form of participation in them. The 2006 General Convention, in Resolution A123, named slavery as a sin, acknowledged the Episcopal Church's participation in this sin, expressed regret for segregation (de jure and de facto), expressed its repentance, and called for a study of how the church might "be 'the repairer of the breach' (Isaiah 58:12), both materially and relationally, and achieve the spiritual healing and reconciliation that will lead us to a new life in Christ." In its quotation of Isaiah, paired with the acknowledgment of the need for material repair, the resolution pointed toward the need of the Episcopal Church to make reparation for its willful participation in the oppression of African Americans throughout the nation's history. Over the last fifteen years, some dioceses and congregations have seriously engaged with the resolution's call; now it is time for the Episcopal Church as a whole to take it up.

This call for the church to make reparation is based in our baptism, supported by scripture, and grounded in tradition. Baptism requires us to reject one way of life and embrace another, renouncing not only our personal transgressions but also all sorts of complicity with evils and powers that disorder the world and corrupt creation. As Presiding Bishop Michael Curry put it in his address to the Executive Council:

> The sacrament of baptism is a lifelong commitment immersed in the reality of the triune God and daring to live the teachings and the ways of Jesus of Nazareth. It is a commitment to renounce, reject, and actively oppose in our lives and in our world anything that rebels against the God who the Bible says is love. It is a commitment to renounce anything that attempts to separate us from the love of God and from each other. It is a commitment to renounce anything that hurts or harms any human child of God or this creation.[4]

The evils we renounce in baptism are not only spiritual demons but also intangible powers: chattel slavery, Jim Crow, and more subtle forms of racism and white supremacy. From redlining to racial profiling, they represent corporate evils that the baptized renounce, whether they have participated in them individually or not. And in the adhesions to Christ, the baptized embrace a different way, centered around the reconciliation of humans to each other and to God, a reconciliation articulated in our scriptures. It is this rejection of evil and the embrace of reconciliation that finds tangible expression in repairing the breach made by generations of white supremacy.

Here and elsewhere, we speak of baptism as it is articulated in the theology of the Episcopal Church. Historical practice has not always lived up to this model. Baptism has, at some times and places in the history of the church, been misused as a tool of colonization. Some Indigenous Christians were forced to reject their cultures at baptism, as Christian faith was conflated with Western European cultures.[5] But baptism, properly understood, is a means of grace and an instrument of human liberation. If it has at times been used otherwise, it is because the church "may err and sometimes ha[s] erred, even things pertaining unto God."[6]

The church's past practice of baptism has often been a poor reflection of baptismal theology. Reengaging with our theology of baptism helps us recover our understanding of both the sacredness of diverse humanity and our obligation to honor Christ in the Other. This understanding, in turn, impels us to repair what is broken, that is, to make reparation.

The Theology of Baptism in the 1979 Book of Common Prayer

The theology of baptism in the 1979 Book of Common Prayer is clear and revolutionary:

> Baptism signifies and imparts the outreaching love of God, restoring persons to the intention of the Creator. It unites persons with Christ the Redeemer, and it places them within the redemption-bearing community, his Body. It is the seal in the Holy Spirit of the new life, present and to come. From the side of the human response, Baptism enacts and shapes the entry on the life of faith, obedience, and expectation. It is the sacrament of conversion, expressing a new mind, a redirection, the rejection of the tyranny of sin and the commitment to righteousness. It is the inauguration of a life renewed and set free.[7]

Baptism is a radical claiming of our identity as God's beloved. Just as much as baptism is about God adopting us into the family, it is also about us saying no to one kind of life and yes to a relationship that God has been wanting us to recognize since before we were born. Baptismal identity bestows a new freedom and citizenship in God's realm that overrides all others. No matter what one's color or ethnicity may be, or what neighborhood raised you up, or what your familial heritage is, the primary belonging of the baptized person is to God.

As a consequence of this new identity and belonging, baptismal grace stirs up in us and demands from us a radical change into which we are called to live. The practice of the baptismal life is to daily die to the ways that are not of God. Baptismal living requires that we make choices, to reject that which is not in accordance with the Christlike life we have promised to lead. We die to old ways, old thinking, old beliefs, and we turn, repeatedly, toward God and toward a life in Christ that liberates our souls in the here and now and promises liberation for everyone who is bound by evil, oppression, corruption, or tyranny.

In the baptismal rite we commit ourselves to join in God's mission to remake the world into beloved community, a place of goodness, justice, mercy, beauty, kindness, and healing that God desires. We make this commitment in the renunciations and adhesions when candidates for baptism are presented, and in the Baptismal Covenant, as our affirmations of belief in the Apostles' Creed flow seamlessly into our promises to take our part in the work of Christ's Body in the world. And it is in the community of the church that we are formed, inspired, repentant, and ever-growing as we use our gifts for that reshaping. Therefore, formation in the Christian life is ongoing. Being formed in the baptismal life is not just about learning the ways of Jesus, but also about unlearning the ways of the world that diminish God's beloved. Yet we habitually fall short. Consequently, reflection on and "training" in dismantling systemic racism are ongoing practices of the baptized life. Reparation offers a means by which we can turn from the exploitative practices of the world and embrace the ways of Jesus.

Scripture, Tradition, and Reparations

The public discussion of reparations in the United States has roots in the church. As Duke L. Kwon and Gregory Thompson state in *Reparations: A Christian Call for Repentance and Repair*, the discussion of reparations is "deeply informed by our formation in the Christian tradition."[8] Scripture focuses on restoration, indeed commands repayment for various shortcomings, and restoration is central to the mission of the church, according to the Book of Common Prayer.

The catechism teaches that the mission of the church is "to restore all people to unity with God and each other in Christ."[9] Restoration is the act of repairing something to its proper or former state; it can include restoring someone to health, restoring something to a person who was previously deprived of it, or the return of something lost or stolen. The restoration of people to unity with God and with one another is not possible unless we take the actions necessary to make whole those who have been hurt or deprived, to return to people what has been taken from them, repairing the injury done to them. And because "the church carries out its mission through the ministry of all its members," so each member of the church is to participate in restoration, through the ministries of "justice, peace, and love."[10] Therefore, the church must engage in the discussion and the process of reparations as a necessary part of its mission.

Scripture points the way toward addressing the economic injustice that has arisen from white supremacy. The Deuteronomic demand is for "justice and only justice" (Deuteronomy 16:20). Tangible justice is in part economic, as laid out in demands for remission every seventh year, particularly for slaves. When slaves were sent out as free people, they were not to be sent out empty-handed, but instead were to be liberally provided for, thus giving the slave some of the bounty with which the Lord had previously blessed the slave owner (Deuteronomy 15:12–15). In the jubilee, which occurred every fifty years, the call to justice was even broader, which redressed the injustice done through such circumstances as the selling off of land, the need to sell labor in times of apparent desperation or to depend on someone else when one falls into difficulty (which become forms of servitude), and enslavement (Leviticus 25). Specific examples of restoration dot the Hebrew Scriptures. In one case, a Shunammite woman and her household left their land during hard times, and upon their return, her request of the king was that the land, which had been taken from them, be returned. When the king heard her story, he restored not only the land, but all the revenue of the land from the day she had left until the day she returned (2 Kings 8:1–6).

But the nation and its leaders did not always live up to the Torah's demand for justice, which was in large measure economic, as the prophets made clear. The prophet Isaiah decried the covetousness of the people, which sat uneasily alongside their worship, noting that the people served their own interests and oppressed their workers even on their fast days:

> Is not this the fast that I choose:
> > to loose the bonds of injustice,
> > to undo the thongs of the yoke,
> to let the oppressed go free,
> > and to break every yoke?
> Is it not to share your bread with the hungry,
> > and bring the homeless poor into your house;
> when you see the naked, to cover them,
> > and not to hide yourself from your own kin? (Isaiah 58:3, 6–7)

The people of God are called to set right those wrongs that have been done. If they do so by feeding the hungry and caring for the afflicted, by removing the yoke of oppression, then they will be known as "repairer[s] of the breach" (Isaiah 58:12). Isaiah offers but one example of the call to the nation, conveyed again and again by the prophets, to set right the systemic wrongs that oppressed God's beloved children.

Avoidance is an entirely human response to such a call. The prophet Jeremiah reminds us of our tendency to cry "peace, peace" when there is no peace and of human greed for unjust gain (Jeremiah 6:13–14). The avoidance of any talk of what restoration for Christians might look like in tangible economic terms can be an attempt—conscious or not—to perpetuate the unjust gain that has been the result of white supremacy. But the path of love points us toward the necessity of restoration. The Great Commandment (Matthew 22:36–40) calls us to love God and love our neighbor. As we read in 1 John, "Whoever does not love does not know God" (1 John 4:8). In a world in which Black and Indigenous people have been denied economic opportunity through meaningful employment and home ownership, the question that whites must ask themselves is whether they would wish to be treated in the same way.

The parable of the Great Judgment (Matthew 25:31–46) tells us that when we see someone hungry or thirsty, or a stranger, or someone sick or in prison, and we then care for them, we perform acts of restoration that put us in unity not only with one another but with God as well. In our baptism, we vow before God to take on these responsibilities. Leaders in the nascent Christian movement apparently understood that there was a better way to live than to hold on to what they personally possessed. We are told that they held all things in common, and as a result would sell their possessions and distribute the proceeds to all, as any had need (Acts 2:44–46). In his Second Letter to the Corinthians, Paul suggests that those who have been blessed abundantly should share abundantly. Indeed, it is a gift from God to do so (2 Corinthians 9). By contrast, the Letter of James focuses squarely on responsibility and obligation: if a brother or sister is naked and lacks daily food, what good is it if we do not supply their bodily needs (James 2:15–17)? Similarly, the First Epistle of John (John 3:17) asks how it could be that God's love would abide in anyone who sees a brother or sister in need and yet would refuse to help.

There is precedent for reparations in the American context. Reparations for slavery in the United States were first recorded in 1783 in a pension given to a woman named Belinda, who had been enslaved by a loyalist, Isaac Royall.[11] In the last years of the American Civil War, General William Tecumseh Sherman provided for forty acres of land for former slaves in South Carolina, Georgia, and Florida, though this attempt at reparations for slavery was overturned by President Andrew Johnson in 1866.[12] The United States government has made reparations to Japanese Americans interned during World War II.[13] Internationally, the German government has made reparations to victims of the Nazi Holocaust, and the Cuban government has made reparations for slavery.[14]

The modern reparations movement started on May 4, 1969, when James Forman interrupted the Sunday service at Riverside Church in New York City before 1,500 worshippers, reading a manifesto calling for the donation of funds from white religious bodies to the creation of a Southern Land Bank, a Black university in Mississippi, and a research center, as well as the creation of an international Black appeal to promote the creation of cooperative Black businesses. When this call was rebuffed, Forman turned to the Episcopal Church, sending the "Manifesto on Reparations" to Presiding Bishop John Hines. The General Convention, meeting in special session in South Bend, Indiana, in August 1969, allocated $200,000 for Black economic initiatives, but its leaders strenuously objected to the idea that this constituted an acceptance of the concept of "reparations."[15] White supremacy derailed the effort to engage more deeply with the reparative work that needed to be done. As a result, there were no discussions of reparations in the Episcopal Church at the church-wide level until the twenty-first century.

So why raise the need for reparations now? It is precisely because "now is the acceptable time" (2 Corinthians 6:2). In many ways the best answer is a sort of timeliness: we failed to do this work earlier, and it is never too late to do the right thing. Furthermore, the intertwined pandemics of COVID-19 and white supremacy have brought us to a point at which it is even more apparent that we are embedded in a country that has refused to face the realities of our history. The church, at its best, has a moral role in the national discourse. If we are called to clearly speak the word of God to those in positions of power and authority, we must first speak truth to ourselves.

The baptismal renunciations and adhesions provide a theological and liturgical framework for the Episcopal Church to make reparation for the evils of chattel slavery, Jim Crow, and white supremacy as a step toward forgiveness, reconciliation, and the building of the beloved community. Simply put, if we do not take up the obligation to make reparation—to become "repairers of the breach"—then we reject our duty as followers of Jesus to "restore all people to unity with God and each other in Christ."

Notes

1. General Convention, *Journal of the General Convention of the Episcopal Church, Columbus, 2006* (New York: General Convention, 2007), 664–65.

2. General Convention, *Journal*, 665–66; General Convention, *Journal*, 666.

3. St. Anselm, *Anselm of Canterbury: The Major Works*, eds. Brian Davies and G. R. Evans (Oxford: Oxford University Press, 1998), 83.

4. Michael Curry, "Toward Truth and Reconciliation," June 25, 2021, https://www.episcopalchurch.org/publicaffairs/presiding-bishop-michael-currys-opening-remarks-for-executive-council-june-25-2021.

5. See, for example, William Sachs, *The Transformation of Anglicanism: From State Church to Global Communion* (Cambridge: Cambridge University Press, 1993), 233; Owanah Anderson, *400 Years: Anglican/Episcopal Mission among American Indians* (Cincinnati: Forward Movement Publications, 1997), 68, 111; Ian Breward, *A History of the Churches in Australia* (Oxford: Oxford University Press, 2001), 3, 41, 167; and Elizabeth Isichei, *A History of Christianity in Africa: From Antiquity to the Present* (Grand Rapids, MI: Eerdmans, 1995), 93.

6. *The Book of Common Prayer: And Administration of the Sacraments and Other Rites and Ceremonies of the Church: Together with the Psalter or Psalms of David* (New York: Church, 1979), 872. Articles of Religion XXI.

7. Daniel B. Stevick, *Baptismal Moments; Baptismal Meanings* (New York: Church Hymnal Corporation, 1987), 3.

8. Duke L. Kwon and Gregory Thompson, *Reparations: A Christian Call for Repentance and Repair* (Grand Rapids, MI: Brazos Press, 2021), 18.

9. *Book of Common Prayer*, 855.

10. *Book of Common Prayer*, 855.

11. Roy E. Finkenbine, "Belinda's Petition: Reparations for Slavery in Revolutionary Massachusetts," *William and Mary Quarterly* 64 (2007): 95–104.

12. John Torpey, *Making Whole What Has Been Smashed: On Reparations Politics* (Cambridge, MA: Harvard University Press, 2006), 111; Special Field Orders 15, January 16, 1865.

13. Civil Liberties Act of 1988, Pub. L. No. 100-383, 102 Stat. 903.

14. "Israel and Federal Republic of Germany Agreement (with Schedule, Annexes, Exchanges of Letters and Protocols). Signed at Luxembourg, on 10 September 1952," *United Nations Treaty Series*, vol. 162 (1953), 206–311; Ana Lucia Araujo, *Reparations for Slavery and the Slave Trade: A Transnational and Comparative History* (London: Bloomsbury, 2017).

15. Gardiner Shattuck, *Episcopalians and Race: Civil War to Civil Rights* (Lexington: University Press of Kentucky, 2003), 188–95.

4

The Doctrine of Discovery and Beloved Community

The roots of reparation lie deep and often hidden in the human soul. The call to repair, restore, and renew does not issue from injustices of our day only; injustice casts a long shadow. We speak in temporal terms: of the long history of despoliation, enslavement, folly, indifference, and cruelty. But we might also speak in other terms: of space, of human and cultural geography.[1] The call to reparation lies entangled in this pattern of recognizing land as a commodity: the dividing, conquering, amassing, and controlling of land. Etched into the lives and history of many peoples, the name given this terrible pattern is "doctrine of discovery." Though this doctrine is often considered to be a decidedly secular conception of land, in truth its origins lie tangled in the history, theology, and practice of the church. It is the legacy of the Church Universal, for all Christian communities have subjected others or been subjected to its terms. The Western church, however, has a particular responsibility for the doctrine of discovery, for it formulated key ingredients of this doctrine, provided theological legitimacy, and rooted it in the scriptural interpretation of the day. Chaplains, missionaries, catechists, and theologians embraced this doctrine as an interconnected whole.[2]

The church throughout the world in all its offices—head and members—is caught up in the doctrine of discovery, at times as those

Reported to the House of Bishops in March 2022

who benefit from it, at times as those who suffer under its lash. This imperialistic, godless doctrine is a foundational legacy that comprises at once an epistemology, a metaphysic, and a deep material dynamism. It is a form of knowledge, a depiction of reality itself, and an account of society and its inner workings. It is a worldview.[3] This worldview gave impetus to European colonial expansion and the cultural mission of the church. For centuries, European cultures— but not only they—lived within this world, forging and maintaining and refining it, so that it became gossamer to those who ruled and ironclad to those so ruled. It is a particular form of caste,[4] in which purity and defilement constitute a res extensa,[5] an object located and extended into space.

For the Western world, the doctrine of discovery took root in what historians have called the Age of Discovery, the period of European expansion in the fifteenth and sixteenth centuries. Foundational to this account of colonial expansion is the notion that other territories and peoples are empty commodities to be exploited. Space lies open for mariners, explorers, traders, and their chaplains to uncover, hold, and claim as their own. Monarchs and prelates gave both legal and holy permission to this endeavor. Certainly, these explorers encountered other peoples in their voyages—manuscripts are filled with sketches of these peoples, their dwellings, their habits, and their dress. And the records show the debate among Europeans about the creaturely status of these beings: Are they human? Should they be catechized and baptized? Are they dangerous to European aims?

But axiomatic to the doctrine of discovery is the conviction, both intellectual and spiritual, that these human beings do not count. They are, in Ralph Ellison's haunting words, the "Invisible Man."[6] It is not necessary to negotiate with them, or to make pleas for entry, or to recognize or defer to the culture, habits, and social organization of these peoples. The land is empty, laid bare for the discoverers, and the human beings found there are commodified as labor. Working in mines; harvesting timber; smelting precious metals for export;

harvesting and growing sugarcane, cotton, and coffee for European use—these invisible people became ingredients in the world-system of the conquest of land. The hierarchies and controlled geography of the doctrine of discovery can be found in the exploitation, expulsion, and cultural despoliation of Indigenous peoples in the Americas. This is history. From the days of the Babylonians and the Assyrians, empires have done this; it is no novel human sin. Christians need to learn and wrestle with this truth.

The early modern European Age of Discovery laid claim to the entire globe in novel forms. This godless "economy of space" developed notions of race that haunt and control us to this day. It was identified and heralded as a Christian endeavor. It also perfected a form of social organization that Antonio Gramsci called the "subaltern," a term borrowed from colonial military ranking.[7] Gramsci saw in imperial geography the creation of a class of indigenous subjects who were at once controlled, invisible, and considered inferior, yet used as puppets for colonial agendas. The education, training, and professional expertise of subjected and subdivided peoples became integrated into the secular space of discovery and empire.[8]

The central lie perpetuated by the doctrine of discovery is that some humans are inferior to others. Such a worldview has influenced policies, jurisprudence, strategies, and more in the service of colonial expansion. The theological task today is to correct this insidious and godless worldview that has been draped in religious garb. We must genuinely learn to view each other as equals and fellow travelers on this planet, even across our differences. Without such a deep spiritual repair in our worldview, tweaks in behavior, policy, and other expressions of regret will not help us build a sustainable beloved community.

The Christian doctrine of reparation stands in stark contrast to the previous policies and behaviors of both church and state. It offers a vision of the holy and gracious God, a sacred geography, a judging and renewing of all land as holy land, as God's very own.

In the sacred geography, human beings stand before God as image-bearers. They belong to one another as members of one Body—that is, Christ's—and they are related to and dependent on this holy land. The land they dwell on has been created ex nihilo by the commanding Word and belongs by every right to its Creator. This holy God indwells the world as the temple, filling it with divine glory, and setting forth teaching that formed the people of Israel in dealing justly, in incorporating the resident alien, in restoring what has been stolen, in renewing what is defiled, in honoring the dead, and in protecting the living, most especially the widow, the orphan, and the poor. This same holy God indwells the cosmos in the Eternal Son, incarnate in human flesh, walking on God's earth as defender, as teacher, as healer, and supremely as Goel, the redeemer of Israel. Those who are drawn into this righteous realm inhabit a sacred geography that inverts, defends, and renews the fallen geography. The eyes of the blind are opened and the ears of the deaf unstopped. A new knowledge and a new reality are spread out among those called by the Son of Man.

Disciples of Jesus Christ are called by the Risen Lord to take their share in building up this realm, in restoring and repairing and feeding and sheltering, in listening to and joining with those people who are oppressed and brokenhearted. For the followers of Jesus, this is a new doctrine to embrace: an insight written on the heart, on the structures of a fallen world that they have inhabited, built up, and gained from, and now are given the strength to dismantle. In the United States, reparation will address the theft of land, labor, and dignity, most especially for those once enslaved and even now segregated. Mere material repair will not meet the call of our Redeemer. Rather, Christians are to live as those knit together in a "single fabric of destiny," as Martin Luther King Jr. expressed it—as kin of one another, inhabiting this good earth as those who cannot do without one another, seeking the welfare of other above self. This is the gracious call and command of our Savior Jesus Christ. The call is urgent; the time is now.

Notes

1. Often caste and the history of enslavement have been considered as distinct from the social organization of land—and as sinful. But recent theorists of race have underscored how land—and the structure of natural and cultural spaces—expresses and generates gender and racial hierarchies. The restriction of Jews in some European realms to certain quadrants of a city (in medieval Italian, a *ghetto*), the restriction of women to certain structures in a village (the interior of houses or away from public squares), and the modern practice of discriminatory housing ("red lines" drawn by bankers around neighborhoods that must remain white spaces) show the spatialization of human difference. For analysis of this kind, see Willie James Jennings, *The Christian Imagination* (New Haven, CT: Yale University Press, 2010); J. Kameron Carter, *Race: A Theological Account* (New York: Oxford University Press, 2008); Ghazi-Walid Falah and Caroline Nagel, eds., *Geographies of Muslim Women: Gender, Religion, and Space* (New York: Guilford Press, 2005); Robert Warrior (Osage), "Canaanites, Cowboys and Indians," and William Baldridge (Cherokee), "Reclaiming Our Histories," in *Native and Christian: Indigenous Voices on Religious Identity in the United States and Canada*, edited by James Treat (New York: Routledge, 1996); in an architectural vein, see Carl Schorske, *Fin-de-Siècle Vienna: Politics and Culture* (New York: Alfred A. Knopf, 1979).

2. For documents related to the history of the doctrine of discovery, see "Papal Bulls," Doctrine of Discovery Project, https://doctrineofdiscovery.org/papal-bulls/; John Chaffee, "Episcopal Church Repudiates the Doctrine of Discovery" (2009), Doctrine of Discovery Project, https://doctrineofdiscovery.org/episcopal-church-repudiates-the-doctrine-of-discovery/; "The First Charter of Virginia; April 10, 1606," The Avalon Project, Yale University, https://avalon.law.yale.edu/17th_century/va01.asp.

3. "Worldview" translates the German term *Weltanschauung*. Its origins lie in German Enlightenment and Romantic philosophy of writers such as Johann Gottfried Herder, Immanuel Kant, Georg Hegel, and Wilhelm Dilthey. Nationalism, concepts of a national identity of a people (a *Volk*) and their soil, ethnic and racial classifications, and spiritual practice are all ingredients in this German term. For analysis, see Peter Gay, *Weimar Culture: The Outsider as Insider* (New York: W.W. Norton, 1968); Hans-Georg Gadamer, *Truth*

and Method, 2nd ed., translated by Joel Weinsheimer and Donald Marshall (London: Bloomsbury Academic, 2013); Cornel West, *Prophesy Deliverance! An Afro-American Revolutionary Christianity* (Louisville, KY: Westminster John Knox Press, 1982).

4. The salience of caste as a form of social and spatial hierarchy has been the subject of intensive study focused originally on the colonial and postcolonial British presence in India. It has been treated as the foundation of European fascination with and dread of its colonial subjects. Edward Said's work *Orientalism* (New York: Vintage Press, 1979) is a classic example. George Orwell's complex relation to his time in colonial India (translated in the novel to Burma) is still powerful: George Orwell, *Burmese Days* (New York: Harcourt, 1934). Caste has also been given a structuralist interpretation: See Mary Douglas, *Purity and Danger* (London: Routledge, 2002); Claude Lévi-Strauss, *Totemism*, translated by Rodney Needham (Boston: Beacon Press, 2016). Recently it has been compared to racial hierarchy in the United States (Isabel Wilkerson, *Caste: The Origin of Our Discontents* [New York: Random House, 2020]) and to sin and xenophobia (Peniel Rajkumar, *Dalit Theology and Dalit Liberation: Problems, Paradigms, and Possibilities* [New York: Routledge, 2016]).

5. The Latin term used by René Descartes to redefine the central category of Attic metaphysics: "substance." In viewing objects as "extended matter," Descartes made all material or physical realities homogenous. Everything outside the mind (the *cogito*) is simply extension: it takes up space. See René Descartes, "Meditations on First Philosophy," in *The Philosophical Works of Descartes*, translated and edited by Elizabeth Haldane and G. R. T. Ross, 2 vols. (Cambridge: Cambridge University Press, 1978).

6. Ralph Ellison, *Invisible Man* (New York: Modern Library, 1994).

7. Gramsci's use of the term reflected his conviction that the persons who held administrative posts in an empire were part of a complex hierarchy that made some subject peoples also collaborators with the imperial powers. In that way individuals are subalterns, but they are so because there exists an entire structure that is designed to place certain members of a ruled group in a bureaucracy that compromises their autonomy and subjectivity. So for Gramsci, at least, "subaltern" means both the structure and the individuals who hold the post.

8. For this complex concept in Gramsci, see Antonio Gramsci, *Prison Notebooks*, translated by Joseph Buttigieg, 3 vols. (New York: Columbia University Press, 2011); Stephen Morton, *Gayatri Spivak: Ethics, Subalternity and the Critique of Postcolonial Reason* (Cambridge: Polity, 2007). Parallel themes are developed in a psychoanalytic key by Frantz Fanon; see Frantz Fanon, *The Wretched of the Earth*, translated by Richard Philcox (New York: Grove Press, 2005); Frantz Fanon, *Black Skin, White Masks*, revised ed., translated by Richard Philcox (New York: Grove Press, 2008).

Conclusion

On Mount Tabor the Heavenly Voice declares the transfigured Christ the Beloved Son, and the disciples are given one injunction: Listen to him! This document is an attempt, above the babble, to listen to Jesus Christ, the Savior. It is an attempt, a beginning: not everything that must be said and will be learned through testing and through continued obedience can be said here. But it is an attempt to *hear*. The voice of the Redeemer commands us, as the baptized and as a church, to enter by the narrow way and the strait gate, to lose our lives to find the way of Jesus, and to love as he loved us; there is no greater love than this.

To listen in this way, attentive to a Voice that awakens and directs, is to receive ears to hear him. It is to waken from sleep, for the night is well past; it is to rise into the new life of obedience and trust. The church speaks of such new creation as "conversion," and the Spirit of the Risen Christ calls us to an ever-new conversion, creating a clean heart and renewing a right spirit within us. The converted life sees whiteness for what it is: a long, entangled history of enforced privilege by which one group establishes and receives by birth a dominance over wealth, cultural influence, and belonging, and through which the non-white are excluded or marked as inferior. To heed Christ's call to holiness is to lay to heart what white supremacy stands for in the lands colonized by Europeans: a systematic and relentless—and, for the privileged, invisible—ranking in which those called white form the center and ideal of society. Such systemic racism came to the shores of this continent with merchants, with soldiers and adventurers, with chaplains and missionaries, and with settlers from many walks of life. The doctrine of discovery is the name we now give to a particular form of racialized colonialism, one embedded in the history of European powers, expanding across oceans to claim, possess, and divide land considered empty—land inhabited by people who need not be consulted, respected, or preserved in life and limb by the invaders. The history of slavery, of segregation, and of xenophobia is not separate from the history of Native American dispossession, cultural erasure, and genocide: they are the same history, the same racialized system, expressed against different peoples, and joining them together in the long arc of European, white dominance over the colonized. In the face of these forces of death, the Lord Christ calls to us as four days in the grave: Come out of there!

It is easy to imagine that this call to conversion entails a denunciation of past leaders, or of those in the present, as evil, their motivations defiled by greed and cynical self-promotion. Of course, the history of this land and of every colony and empire includes a trail of violence and of bigotry, manifest cruelty. But the conversion Christ calls us to this day does not require such a broad-brush denunciation of the intentions of our ancestors or contemporaries. Rather, Christ commands us to examine and to reject a *system*, a mechanism in which whiteness possesses cultural dominance and the goods this culture produces, and excludes the non-white. That such privilege and exclusion are compatible with good intentions, perhaps especially with them, is the searing insight of Dr. King, for whom the "silence of the liberal Church" spoke volumes.

To be converted to this truth is to live one's life according to the revolution the Redeemer proclaims and ushers in. The first shall be last; the last, first. Conversion is a dismantling of the structure of privilege, a steady, clear-eyed, and relentless movement toward the beloved community, in which whiteness becomes simply one color, an ordinary color amid all others. Howard Thurman and Josiah Royce tell us that this work of justice is no small step. The beloved community is not built from a pious attempt to see "beyond race" or to merely include diverse voices in a single large narrative about the nation and its founding, familiar and unshaken in its traditional white constituents. Rather, the Christian conversion to the beloved community can be recognized by its radical character, sifting and resifting the soil of privilege and caste, identifying fresh disguises of racialized hierarchies, acting in solidarity with the poor and oppressed. It is lifelong, an inner and outer dying and rising in Christ, confessing, repenting, testifying to the justice demanded by the Holy God.

For Episcopalians this radical life is enacted in the sacraments of the Church. Baptism inaugurates life in the beloved community; it is a singular act of incorporation and pardon that places grace and holiness at the heart of the Christian life. The forces of evil are renounced; Christ is publicly affirmed as Lord and Savior. But baptism is also lifelong. At each renewal of our baptism, Christians echo but do not repeat these renunciations and adhesions. We commit ourselves, under God's gracious lead, to resisting evil, to persisting in prayer and eucharistic fellowship, to a profound respect for human dignity and flourishing. This is the new creation, given once for all and renewed, day by day, in obedience to Christ. The sacrament of Christian maturity, the Eucharist, sustains us in our dying to injustice and sin and our rising into the life of God's reign.

Reparation is a sign and a token of Christian sacramental life. Obedience to the commanding voice of Christ entails the self-offering of one's whole life, its worldly and spiritual goods, to the Holy One, in order to receive them back again renewed and refashioned for the work of justice. Christ comes to stay at our house this day, and—as with the chief tax collector of old—salvation coming to our house prompts the conversion and confession of the privileged: "Half of my possessions I give to the poor," Zacchaeus says, "and if I have defrauded, I will pay back four times as much" (Luke 9:8). Reparation, in its many forms, simply begins this lifelong task of restoring what has been stolen, and building anew what has been shattered, such that salvation, wholeness, and justice may come to the children of Abraham. The stories of these acts of restoration and truth-telling belong to the history of Christian resistance to racism. They also point to the often unnoticed history of the beloved community, which transcends all particular communities of faith, drawing into one communion all who have wagered everything on the power of love over hate. They belong to the baptized, who hear the voice of Christ and obey him as the herald of beloved community. But because that community is not so much an extension of the church as its judge, the supreme challenge of reparation may be just this: to subordinate ourselves to that fellowship as its servants. We pray that this document may in some small measure help with that.

A Sampling of Reparation Projects in the Episcopal Church

The models offered here are by no means representative of the variety of reparation projects being developed throughout the church. Given the Theology Committee's limitations of time and capacity, they are meant to offer a few examples of how this work is being initiated and undertaken through the Episcopal Church's organizations and dioceses.

The confluence of social events has provided a new impetus to the work of reparations, bringing this justice work to a new phase, a new iteration, especially in the face of emboldened white supremacy projects. There are many amazing stories of reparation initiatives in multiple dioceses and local communities that deserve to be told and heard. Thus, it is the sincere hope of the committee that such stories will be gathered and made available by an appropriate office of the Episcopal Church Center.

Reparations Work at the Absalom Jones Center for Racial Healing

Interview with Catherine Meeks, PhD, Executive Director of the Absalom Jones Center for Racial Healing, Atlanta, Georgia[1]

Dr. Meeks understands reparations to be a comprehensive project. It is not just about financial compensation, but also about education and engaging in the work of changing systems. Simple monetary exchange does not repair the breach, although it is a part of the work of reparations. This process of repairing the breach must address the systemic destruction of people's lives. It is about making the community whole and addressing living conditions, especially those impacting children: good educational systems, access to food and water, adequate housing, and healthcare.

The center has been dedicated to this work all along and is now centering more directly on the work of reparations, the call to repair the breach. The resources and programs offered by the center are comprehensive, not only in addressing systemic issues that impact communities in multiple ways but also in naming and working against oppressive forces impacting all oppressed groups, particularly the racial/ethnic communities generally described as people of color in the United States: Black, Indigenous, Asian, and Latino/Hispanic.

Each training program directed at dismantling racism begins with the Holy Eucharist, grounding the work of healing at the table around which God's family is gathered. In the Baptismal Covenant we commit to working for peace and justice and respecting the dignity of every human being. God's mandate is clear, and as we receive the gospel of God's healing and reconciling love, we acknowledge that we all miss the mark, and that it is the work of our lives to humbly repent as we awaken to that truth and start again. This repentance and renewal, where we turn our heart over to God, leads to seeking God's guidance for the rest of our days. Our spiritual practices, Dr. Meeks says, help us to do God's will, "discerning on the journey as faithfully as we can until we die." It means we resist "worldliness," or acquiescing to the powers and principalities that hurt and destroy human life, and we daily repent of marrying that culture.

The work of reparations can be seen as the work of political scientists, sociologists, and economists, but "we are called to go way beyond this." Our ongoing work of resistance to oppression is the work of reparations, and we are called to it every time and everywhere. This means a holistic approach to reparations, and we do this work using all the tools available, like the arts, to make the message heard.

The Center for Racial Healing is a brave space, where brokenness is acknowledged and God brings transformation. Then, committed to this transformation, we leave the space and go into the world and address the systems of oppression, starting with the church. The church is enamored of racist structures, and we need to "destabilize, interrogate and make changes that lead to an equitable system," living into Jesus' call to liberate ourselves and others. As a church, we do this both individually and communally.

"All of us have missed the mark." We are called to live in grace and with gratitude as we daily grow to reflect God's love and acceptance. Our evangelism and teaching then involve going out and sharing with others what we have received and are receiving.

Reparations Work at Virginia Theological Seminary

Interview with the Rev. Joseph Thompson, PhD, director of Multicultural Ministries and Assistant Professor of Race and Ethnicity Studies[2]

The Virginia Theological Seminary (VTS) reparations program focuses on reparations as a response to the seminary's participation in and benefiting from the slave trade that anti-Black racism justified, and also as a response to the institution's legacy in Black oppression. This oppression has always been an obvious violation of scriptural precepts, and the reparations program is a living out of the renunciations, the repentance, and the amendment of life that we live into as baptized persons and communities.

The work is a continuation of the justice work of Black people in the Episcopal Church and can be seen in the ongoing work of the Union of Black Episcopalians, the Convocation of Colored Clergy, and all the other groups that preceded it. They have always advocated that the church live into its beliefs and that it expand its notions of catholicity as it looks honestly at the history of Blacks in the United States.

Given their work, the resolutions of the General Convention in 2006 marked a turning point. They led Dean Markham to write an apology for VTS's participation in the institution of slavery and racial segregation, and invited the question, "Now that you have apologized, what next?" Repentance must lead to amendment of life. The seminary had already established an Office of Multicultural Ministries, with Joseph Constant as director, as part of its reaccreditation by the Association of Theological Schools. Workshops in intercultural competency were established, and the text *No Turning Back: The Black Presence at Virginia Theological Seminary* (written by Constant) centers the voices and experiences of students and alumni and broadens the story told about the legacy of VTS. The approaching bicentennial highlights the need to retell and recast the story of VTS, making it comprehensive and acknowledging the participation of the seminary in the exploitation of Black persons through slavery and Jim Crow.

Reparations in particular, as an expression of amendment of life, are also influenced by social movements for racial justice. The deaths of Trayvon Martin and Michael Brown, the resurgence of the Black Lives Matter movement, and a growing understanding of reparations by the U.S. mainstream all contribute to the understanding at VTS that some economic reparation is an appropriate response given the seminary's legacy. It becomes a way to express, symbolically and gradually, the seriousness of repentance and amendment of life.

The program encompasses various aspects of reparations:

- *Truth-telling.* How was this two-hundred-year-old institution built? What are the stories of the lives of the many Black people who worked to build the institution without freedom and just remuneration? This is not only a description of the history of the institution but also the casting of an affirmative vision of God's call for us and our relationships, grounded in scripture. To seek truth is to seek freedom: "The truth will make you free" (John 8:32); "I am the way, and the truth, and the life" (John 14:6); "If anyone is in Christ, there is a new creation" (2 Corinthians 5:17).

- *Material compensation.* Offering material compensation to the living descendants of those enslaved workers who helped build VTS is a small symbolic gesture at present, but there is hope this will grow and multiply as the families (now seminary stakeholders) envision ways they want the seminary to invest in the Black community as part of its work of reparations.

- *Relationship building.* VTS is undertaking to build relationships with two historically Black churches in Alexandria, Virginia, that have ties to the seminary: Oakland Baptist Church and Meade Memorial Church. These relationships, just beginning, will develop programs and projects to be carried out in partnership to benefit the churches, their ministries, and their work in the Black community. Money has been set aside for grants to accomplish this.

- *Grants.* A grant program is being developed to assist other churches and organizations working for justice in Alexandria and the greater Northern Virginia area.

Reparations Work in the Episcopal Diocese of New York

Interview with the Rev. Richard Witt and Ms. Cynthia Copeland, co-chairs of the Reparations Committee, and with the Rev. Charles Kramer, Ms. Diane Pollard, and Ms. Nell Gibson, committee members[3]

"Slavery was a crime visited upon individual persons, and upon a people. The Diocese of New York played a significant and genuinely evil part in American slavery, so we must make, where we can, repair. All the while recognizing that it will never be possible for this convention or this diocese or even this country to ever make adequate compensation for the suffering of a great host of people bent under the yoke of four hundred years of servitude, violence and privation." With this poignant reflection in his address to the Diocesan Convention in 2019, Bishop Andrew Dietsche asked for a resolution that "this convention direct the trustees of the Diocese of New York to set aside $1.1 million from the diocesan endowment for the purpose of reparations for slavery." The resolution was unanimously passed, with the entire convention rising with joyful cheers.

It was a long and arduous journey, however, to arrive at this point. The journey of reparations in the Diocese of New York began in 2006 when Bishop Mark Sisk appointed a Reparations Taskforce, following the 75th General Convention's resolution that urged every diocese to study and collect the history of its complicity in slavery and the benefits its parishes reaped from it. The task was daunting for the initial committee of fourteen people, who were culturally, ethnically, and ideologically diverse. They quickly realized that they needed to work through their own differences and educate themselves on the complexity of this issue.

In 2008 they developed and presented at the cathedral a four-hour program, "Let My People Go," for the occasion of the two-hundredth anniversary of the abolition of slavery. The program comprised workshops, conversations, and educational resources on slavery. The committee worked with film director Katrina Brown on a documentary, *Traces of the Trade*. It tells the story of Brown's New England ancestors, who were the largest slave-trading family in U.S. history. The documentary was aired on PBS.

For the Diocesan Convention in 2009, the committee presented a video, *Diocese of New York Examines Slavery*, along with a guidebook encouraging the parishes to dig into their own parish histories of slavery. Although it was challenging to convince the parishes to participate, the committee did not relent and kept pushing and digging into the history of slavery in the Diocese of New York. According to the co-chairs, the Rev. Richard Witt and Ms. Cynthia Copeland, it was a slow, marathon process in which the committee gathered stories and educational resources and kept inviting the rest of the diocese to join in the journey.

A critical turning point was their retreat in 2015, when they came up with the idea of an intentional three-year journey of reparations, consisting of the Year of Lamentation, the Year of Repentance, and the Year of Reparations. It was launched in 2017, with many regional events providing educational opportunities and conversations. The Rev. Charles Kramer, then rector of St. James Church in Hyde Park, New York, carried out extensive research and wrote a play called *New York Lamentations.* The play movingly tells the story of slavery in the Diocese of New York, giving voice to those who were enslaved. It was presented in various regions of the diocese and at the Diocesan Convention in 2018. This inspired several parishes in the diocese to carry out research into their own slavery-related history. St. James' Church on Madison Avenue, for instance, discovered that their church building was built by enslaved persons owned by the members of the parish at the time. The vestry voted unanimously to place a plaque on the outer wall of the building acknowledging this fact.

In the Year of Repentance, the committee continued to offer educational opportunities and resources, with podcasts, workshops, and opportunities for conversation. In their research into the diocesan archives, they discovered that John Jay's anti-slavery resolution at the Diocesan Convention in 1860 was tabled and had never been taken up again. The Rev. Charles Kramer wrote a play about this resolution that included the debates that took place at the convention. It was presented at the Diocesan Convention in 2019; the convention then took up the resolution and passed it unanimously. It was a poignant moment: a symbolic act of reparations, correcting the past wrong of the convention. This was the convention at which Bishop Andrew Dietsche asked that the convention set aside $1.1 million for the work of reparations in his address, and it launched the Year of Reparations.

Then came COVID-19 in 2020. The pandemic exposed the reality of turmoil and crises in racial relations and racial violence. Following the killing of George Floyd, it became clear that the committee's work needed to focus on current issues in light of the history of slavery and racism in the United States. In the summer of 2020, they presented a five-part series, *Knee on Neck: Slavery's Ghost*, which was created by the Reverend Masud Ibn Syedullah, TSSF, founder and director of Roots & Branches, assisted by Reverend Kramer. Beginning on Juneteenth, the holiday marking the end of slavery, it featured five webinars, each consisting of lectures, videos, and other supportive resources. The sessions helped participants generate plans and strategies for their parishes, the diocese, and the wider Episcopal Church to work to establish policies and actions affirming and supporting Black people and all people of color to overcome racial injustice and promote healing and reconciliation. It was presented online and drew over seven hundred people from around the country.

The experience of the Diocese of New York shows that reparation is hard work and a lifelong journey. In his address to the 2019 convention, Bishop Dietsche raised these haunting questions: "How can we as a community make reparation for what our forebears did in this place? What heals history?" To reach a place where people can truly respect each other's dignity requires deep commitment to conversation that connects heart to heart and is accompanied by action, according to Cynthia Copeland. Nell Gibson, a member of the committee, poignantly observes that "apology is the hardest thing for white people, and forgiveness is the hardest thing for Black people," and raises this question from an African American perspective: "How do you accept reparations without apology and forgiveness?" Reparation involves more than money. Members of this committee have been deeply committed to this work because they firmly believe that the church must lead this work, particularly in the present moment of crisis in our common life and history.

Reparations Work in the Episcopal Diocese of Texas

Interview with Sam Dodson, chair of the Racial Justice Committee, and Tammy Lanier, a committee member[4]

"We imagine a hopeful future, that it's remedial. Then our goal is to support people in communities and to be attentive to the injuries of the past. It should be equivalent. That means it's not just hugs, but money and finances as well. Money that may have been withheld or taken from communities in the past. It must be inclusive. That means developed in collaboration with injured parties." With these words in his address to the Diocesan Convention in 2020, Bishop Andrew Doyle went on to announce that "the Diocese of Texas is setting aside $13 million over the next decade to do the work of racial justice." The money is drawn from various foundations of the diocese—the Episcopal Health Foundation, the Pauli Murray Scholarship Fund at the Seminary of the Southwest, the Bishop Quin Foundation, the Church Corporation, the John and Joseph Talbot Fund for Racial Justice, and the Episcopal Foundation of Texas.

The Racial Justice Committee was formed and tasked with developing plans to implement a process of reparations through the Racial Justice Initiative. The sum of $6.5 million has been allocated to the committee, with the other $6.5 million allocated to the Seminary of the Southwest. Money is drawn from various funds, each of which has a specific focus. For instance, the Cain Fund from the Great Commission Foundation directs certain annual contributions to help historically African American churches. The Wells Fund gives scholarships for African American students to attend historically Black colleges and universities. The Talbot Fund supports the racial justice initiatives of parishes in their local communities. The scope of this initiative is extensive: to address the racial disparities in education and healthcare, to support historically African American churches, to further mission and evangelism in African American communities, to raise up people of color for ordained ministry, and to support the employment of African American clergy and other clergy of color. The committee has also been organizing seminars and webinars to reach and educate the people of the diocese through an initiative called Difficult Conversations.

The vision of this initiative is to change the hearts and minds of the people of the diocese and to foster, in Tammy Lanier's words, "diversity and inclusion in all things diocesan." An important measurement of this initiative is how many churches are doing the work of racial justice and apply for grants from the Talbot Fund for their local initiatives. Despite the many challenges ahead, Sam Dodson remains "committed to advancing racial equity in a way that lifts up the [entire] church" through the work of this committee. This has been a long time coming in the Diocese of Texas. After the creation of the Episcopal Foundation of Texas in 2012, it became clear to Bishop Doyle by 2014 that "issues of race were a key ingredient to changing the conversation around health in communities," and that "we needed to do something around reparations, that this was a conversation that was continuing to grow in the wider country; it was growing here in the diocese, that we needed to be bold." With Bishop Doyle's leadership, the Diocese of Texas has had a bold new beginning on the journey of reparations.

Notes

1. Absalom Jones Episcopal Center for Racial Healing, "Home," www. centerforracialhealing.org.
2. Virginia Theological Seminary, "Reparations," https://vts.edu/mission/multicultural-ministries/reparations.
3. The Right Reverend Andrew M L Dietsche, "Bishop of New York Address to the 243rd Convention of the Diocese of New York, November 9, 2019," https://dioceseny.org/mission-and-outreach/social-concerns/reparations-for-slavery; https://ednyreparationsblog.wordpress.com; https://dioceseny.org/2019-convention-report/?wpdmdl=56510&ind=1573353026385.
4. The Episcopal Diocese of Texas, "Difficult Conversations," www.having-difficultconversations.com/.

Some Resources for Beloved Community

Resources on the Need to Diversify Historical Writing and Archives

The literature on the need to expand the vision of both archives and historical writing dates back to the 1970s, but most of those earlier works are not available online. Here are several resources that might be of use:

Tonia Sutherland, "Archival Amnesty: In Search of Black American Transitional and Restorative Justice," *Journal of Critical Library and Information Studies* 1, no. 2 (2017).

Mary Caldera and Kathryn M. Neal, eds., *Through the Archival Looking Glass: A Reader of Diversity and Inclusion* (Chicago: Chicago Society of American Archivists, 2014).

Patricia Montiel-Overall, Annabelle Villaescusa Nūnez, and Verónica Reyes-Escudero, *Latinos in Libraries, Museums, and Archives: Cultural Competence in Action! An Asset-Based Approach* (Lanham, MD: Rowman and Littlefield, 2015).

Randall Jimerson, *Archives Power: Memory, Accountability, and Social Justice* (Chicago: Society of American Archivists, 2009).

References and Resources

Listed below are some additional resources that can be used in or adapted to your local context to unearth the stories that have been buried, and to create a new, more inclusive narrative that can be shared through preaching and teaching.

Anti-Defamation League, "Anti-Bias Education," www.adl.org/what-we-do/promote-respect/anti-bias; Southern Poverty Law Center, "Learning for Justice," www.learningforjustice.org. The anti-bias educational materials on these websites can be easily adapted for use in formation sessions in our churches. Although the material is listed for children in grades K–12, most of this material, especially the historical material, has not been covered in the classrooms most adults were in as children, and can be used with little adaptation with young adults and adults. For example, the ADL's "Lewis and Clark: The Unheard Voices," www.adl.org/education/educator-resources/lesson-plans/lewis-and-clark, provides important perspectives from Indigenous communities on this piece of U.S. history. ADL also offers "Anti-Bias Tools & Strategies," www.adl.org/education/resources/tools-and-strategies/anti-bias-tools-strategies. Learning for Justice offers "Speaking Up Against Racism around the Coronavirus," www.learningforjustice.org/magazine/speaking-up-against-racism-around-the-coronavirus.

National Museum of African American History and Culture, Smithsonian Institution, "Talking About Race," https://nmaahc.si.edu/learn/talking-about-race.

Layla F. Saad, *Me and White Supremacy* (Naperville, IL: Sourcebooks, 2018), www.sourcebooks.com/uploads/1/1/5/5/115507011/9781728209807.pdf; Layla F. Saad, *Me and White Supremacy: Combat Racism, Change the World, and Become a Good Ancestor* (Naperville, IL: Sourcebooks, 2020), www.meandwhitesupremacybook.com. *Kirkus Reviews* describes this as "an activist program for confronting white privilege and dismantling white supremacy. Building on a workbook downloaded by nearly 90,000 readers, multicultural writer Saad, born in Britain and now living in Doha, Qatar, delivers 'a one of a kind personal antiracism tool' that is meant foremost to teach white readers how to recognize their privilege and 'take ownership of their participation in the oppressive system of white supremacy.'"

For Leadership and Listeners

The work of becoming beloved community requires a committed, intentional coalition of faithful leaders. For models of this kind of engagement, see:

The Episcopal Church, "Storytelling," www.episcopalchurch.org/storytelling

Intergroup Resources, "Race and Racism," www.intergroupresources.com/race-and-racism

The Episcopal Church, "Sacred Ground," www.episcopalchurch.org/sacred-ground

The Storytelling Project Curriculum: Learning about Race and Racism through Storytelling and the Arts, created by Lee Anne Bell, Rosemarie A. Roberts, Kayhan Irani, and Brett Murphy, www.racialequitytools.org/resourcefiles/stp_curriculum.pdf

Resources and References within the Church

The Archives of the Episcopal Church hold an extensive but dispersed representation of published and unpublished resources documenting members and groups that have been significantly underrepresented in the church's historiography and in its public acts of remembrance.

Following multiple resolutions passed at the General Convention to address the need for historical research and archival collecting on racism and slavery, the Archives built a web microsite on anti-racism to serve as a resource for the whole church. The site traces the General Convention's approaches to the problem of racism over the years and brings together archival documents pertaining to diocesan efforts to seek repentance and remembrance of their involvement in racism and the benefits unjustly accrued from slavery (as directed by General Convention Resolution 2009-A143).

The Archives also document the church's lackluster response to the General Convention's recent call for reconciliation and repentance. Of particular relevance is a document prepared by the Archives to help Episcopalians research the impact of slavery in their congregations and communities: "Consulting the Past through the Archival Record: A Guide for Researching the Impact of Slavery on Church Life."

As an example of how this archival material may be made accessible to the wider church, see "The Church Awakens: African Americans and the Struggle for Justice," www.episcopalarchives.org/church-awakens.

In recent years, archivists have begun work on an exhibit on Native Americans in the Episcopal Church. This initiative was instrumental in helping the Native American Ministries group produce a widely shared 2011 online video, *Exposing the Doctrine of Discovery*, which opened the discussion of the church's legacy of cultural imperialism, rooted in white supremacy. A brief overview and history of the Episcopal Native American experience also serves as an introduction to its Native American holdings guide: "Native American Episcopal Experience," www.episcopalarchives.org/holdings/native-american-episcopal-experience.

Resources and References outside the Church

There are many examples in the secular world of archives that document specific diverse communities or have expanded their work to include such activity for the secular community. The academy is most active in documenting race and ethnicity in America, and much of what it does influences other archivists. Frequently, the stories of religious groups are swept into these documentary projects, but they are seen as tangential to the academy, laced with condescension that emphasizes oppression and fails to call forth the theological and spiritual motivations.

A few highlights of important collections and projects:

- Emory University: Department of African American Studies and African American History Collections
- Princeton University: Payne Theological Seminary and AME Church Archive
- Amistad Research Center, with other partners: "Diversifying the Digital Historical Record: Integrating Community Archives in National Strategies for Access to Digital Cultural Heritage." The project's explicit purpose is to work with community archives to "help ensure that traditionally absent voices will be represented as a National Digital Platform continues to be developed."
- The Schomburg Center for Research in Black Culture of the New York Public Library. The center also offers online exhibits.
- The Japanese American National Museum in Los Angeles, which interprets the past in a traditional museum setting, but also seeks to connect visitors to the vibrant and continuing Japanese American culture of Los Angeles by sponsoring film festivals, art workshops, walking tours, and other interactive events in addition to its museum programming.
- The library and archives of the Indian Pueblo Cultural Center, which has the specific mission to "build Pueblo identity and self-knowledge while securing a place for Pueblo people in the national historical narrative." It is only one example of the local Native American collections across the United States and Canada, which are often administered by tribal governments.
- National Museum of the American Indian, Smithsonian Institution. The holdings of the museum's Archive Center tend more toward colonial and exterior views of Native Americans, but its mission statement now emphasizes working "through partnership with Native people and others," and its trustees consist almost entirely of Native Americans representing a wide range of peoples.

Literature on Issues of Race and White Supremacy

Much has been written about race and white supremacy in America. Here are several works, with reviews to guide the reader:

James H. Cone, *The Cross and the Lynching Tree* (New York: Orbis Books, 2015). "*The Cross and the Lynching Tree* is the most significant theological perspective on lynching—which includes not just hanging, but also 'burning, beating, dragging, and shooting—as well as torture, mutilation, and especially castration.' Based on impressive research, Cone argues that the lynching tree is a viable reality/symbol for reflection on the cross of Christ. According to Cone, understandings of the cross and lynching tree can mutually inform one another and explain how events of trauma and injustice can still inspire hope for the African American community."[1]

Robin DiAngelo, *White Fragility: Why It's So Hard for White People to Talk about Racism* (Boston: Beacon Press, 2018). According to the sociologist Robin DiAngelo, "White people live in an isolated environment of white privilege which builds their expectations for racial comfort while lowering their ability to tolerate racial stress." The result is white fragility: when racism comes up for discussion, even the most well-meaning whites often react defensively—for example, with displays of anger, fear, and guilt that hinder cross-racial understanding and work to shore up racial inequality. "The book underlines how wildly difficult it is for mere conversation to break through layers of defensiveness among whites. The sedimented debris of past injustices conspires with current patterns of white advantage to make white employers and even white activists very hard to coach toward any mature questioning of racial oppression. Their practiced resort to defensiveness . . . adds to opportunities for race talk to devolve into a need to validate the good intentions of individual whites at the expense of serious consideration of either structures of white supremacy or its impacts on victims."[2]

Gary Dorrien, *Breaking White Supremacy: Martin Luther King Jr. and the Black Social Gospel* (New Haven, CT: Yale University Press, 2018). *Breaking White Supremacy* provides a historical and theological overview of the social gospel movement as it emerged from within the Black church and community. With King as most representative of this movement, Dorrien argues that, though ignored because it was Black, no movement has had a greater legacy or impact on civil society and theological ethics. The work of Black Episcopalians such as Alexander Crummell and Pauli Murray is placed at the center of this movement, allowing us to appreciate their tremendous, yet often overlooked, contribution to church and society.

Henry Louis Gates Jr., *Stony the Road: Reconstruction, White Supremacy, and the Rise of Jim Crow* (New York: Penguin Books, 2019). Setting the stage for understanding contemporary racial politics, Gates uses narratives and images in equal measure to document the rise of white supremacy over the last two centuries in the United States. "An essential history for our time, 'Stony the Road' does a kind of cultural work that is only now becoming widespread in the United States but that Germans have been undertaking for decades. The German word for this effort is *Vergangenheitsbewältigung*—coming to terms with the past—and it carries connotations of a painful history that citizens would rather not confront but that must be confronted in order not to be repeated."[3]

Willie James Jennings, *The Christian Imagination: Theology and the Origins of Race* (New Haven, CT: Yale University Press, 2011). In this work, Jennings "delves deep into the late-medieval soil in which the modern Christian imagination grew, to reveal how Christianity's highly refined process of socialization has inadvertently created and maintained segregated societies. A probing study of the cultural fragmentation—social, spatial, and racial—that took root in the Western mind, this book shows how Christianity has consistently forged Christian nations rather than encouraging genuine communion between disparate groups and individuals. . . . Touching on issues of slavery, geography, Native American history, Jewish-Christian relations, literacy, and translation, he brilliantly exposes how the loss of land and the supersessionist ideas behind the Christian missionary movement are deeply implicated in the invention of race."[4]

Ibram X. Kendi, *Stamped from the Beginning: The Definitive History of Racist Ideas in America* (New York: Bold Type Books, 2016). "*Stamped from the Beginning* centers on five figures: Cotton Mather, Thomas Jefferson, William Lloyd Garrison, W. E. B. Du Bois, and Angela Davis. Through their lives . . . Kendi details the American construction of white supremacy as a three-pronged tragedy of religion, government, and activism."[5]

Nell Irvin Painter, *The History of White People* (New York: W.W. Norton, 2010). Painter puts to rest the idea of a post-racial America by situating the American experience within a wide-ranging two-thousand-year history of the social construction of the idea of a white race and the various purposes it served. "Perhaps the definitive story of a most curious adjective. [The book] is a scholarly, non-polemical masterpiece of broad historical synthesis, combining political, scientific, economic, and cultural history. . . . Painter leaves no stone unturned in her search for the origin of the idea of whiteness."[6]

Richard Rothstein, *The Color of Law: The Forgotten History of How the Government Segregated America* (New York: Liveright Books, 2017). *The Color of Law* exposes the disturbing history of residential segregation in America and its impact on generations of Black lives, revealing the insidious nature of systemic and structural racism. Rothstein contends that government "created a caste system in this country, with African Americans kept exploited and geographically separate by racially explicit government policies. Although most of these policies are now off the books, they have never been remedied and their effects endure."[7]

Forrest G. Wood, *The Arrogance of Faith: Christianity and Race in America* (New York: Knopf, 1990). Enslavers like U.S. president Andrew

Jackson "used the Bible as justification for the master-slave relationship. Christianity, contends Wood in this extensive, hard-hitting critique, played a fundamental role in shaping the white racism undergirding black slavery and made possible the near-extermination of the American Indian. Beginning with Puritan colonists preaching their superiority over Indians, down to race-motivated sectional divisions in the three mainline Protestant churches (Presbyterian, Methodist, Baptist), this challenging historical study . . . confronts a neglected aspect of the Christian experience in America. Wood explains how Christians' attempts to convert 'heathens' or 'infidels' attacked the foundations of non-Christian cultures. Plantation songs, Quakers, white phobia toward black sexuality, and Social Gospel, a 19th-century liberal Protestant reform movement, also come under scrutiny."[8]

Literature on the Asian Experience

The Episcopal Church, "Asiamerica Ministries," www.episcopal church.org/ministries/asiamerica-ministries.

Rosalind Chou and Joe Feagin, *The Myth of the Model Minority* (New York: Taylor & Francis, 2010). Asian Americans have long been viewed by white Americans as the "model minority." Yet few Americans realize the lives of many Asian Americans are constantly stressed by racism. This reality becomes clear from the voices of Asian Americans heard in this first in-depth book on the experiences of racism among Asian Americans from many different nations and social classes.

Madeline Y. Hsu, *Asian American History: A Very Short Introduction* (Oxford: Oxford University Press, 2017). Madeline Y. Hsu shows how Asian American success, often attributed to innate cultural values, is more a result of the immigration laws, which have largely pre-selected immigrants of high economic and social potential. Hsu deftly reveals how public policy, which can restrict and also selectively promote certain immigrant populations, is a key reason why some immigrant groups appear to be more naturally successful and why the identity of those groups evolves differently from others.

Erika Lee, *The Making of Asian America: A History* (New York: Simon & Schuster, 2015). An epic history of global journeys and new beginnings, this book shows how generations of Asian immigrants and their American-born descendants have made and remade Asian American life in the United States. Over the past fifty years, a new Asian America has emerged out of community activism and the arrival of new immigrants and refugees. No longer a "despised minority," Asian Americans are now held up as America's "model minorities" in ways that reveal the complicated role that race still plays in the United States. The book tells stories of Japanese Americans behind the barbed wire of U.S. internment camps during World War II, Hmong refugees tragically unable to adjust to Wisconsin's alien climate and culture, and Asian American students stigmatized by the stereotype of the "model minority." This is a powerful and moving work that will resonate for all Americans, who together make up a nation of immigrants from other shores.

Gary Okihiro, *Margins and Mainstreams: Asians in American History and Culture* (Seattle: University of Washington Press, 1994). While exploring anew the meanings of Asian American social history, Okihiro argues that the core values and ideals of the nation emanate today not from the so-called mainstream but from the margins, from among Asian and African Americans, Latinos and Native Americans, women, and the gay and lesbian community. Those groups, in their struggles for equality, have helped to preserve and advance the founders' ideals and have made America a more democratic place for all.

Ronald Tataki, *Strangers from a Different Shore* (New York: Little, Brown, 1989). The author writes of the Chinese who laid tracks for the transcontinental railroad, of plantation laborers in the cane fields of Hawaii, and of "picture brides" marrying strangers in the hope of becoming part of the American dream.

Literature about the Latinx/Latin American Experience

The Episcopal Church, "Latino/Hispanic Ministries," https://episcopal church.org/latino-ministries

America Ferrera, *American Like Me: Reflections on Life between Cultures* (New York: Gallery Books, 2018). "Ferrera took the opportunity to create a platform for her story—in addition to others—in an anthology that shares stories of immigrants, children of immigrants, and Indigenous people with the purpose of being a resource to people in similar situations. Ferrera contributes her own story of her Honduran family and includes essays from famous and almost-famous public figures of all ethnicities who share personal stories of growing up in America."[9]

Valeria Luiselli, *Tell Me How It Ends: An Essay in Forty Questions* (Minneapolis: Coffee House Press, 2017). "An inspiring and necessary book by the renown[ed] Mexican author Valeria Luiselli. *Tell Me How It Ends* speaks boldly about the painful reality undocumented, and many times unaccompanied, children face in the U.S. immigration system as well as their traumatic journeys."[10]

Ray Suarez, *Latino Americans: The 500 Year Legacy That Shaped a Nation* (New York: Penguin Random House, 2013). "George Santayana once said, 'Those who cannot remember the past are condemned to repeat it.' *Latino Americans* by Suarez is an inspiring read, thoroughly documented, that enlightens the reader regarding our Latin American heritage and legacy in the United States. Making use of stories of both victims and heroes, he introduces us to a meaningful and relevant history that relates to us: Hispanics, Latinos, Chicanos, Puerto Ricans, Cubans, Dominicans, Central Americans, etc. It is a 500 year story that helps us understand our roles in this magnificent country that is our own."[11]

Zaragosa Vargas, *Crucible of Struggle: A History of Mexican Americans from the Colonial Period to the Present Era* (New York: Oxford University Press,

2011). Zaragosa Vargas "provides the reader a detailed chronological account of the Mexican American historical experience and how it takes its place in American History. Vargas focuses this experience within the geographical location of what is now the United States."[12]

Notes

1. Bruce Fields, "When He Died upon the Tree" [review of *The Cross and the Lynching Tree*], *Christianity Today*, August 16, 2017.

2. David Roediger, "On the Defensive: Navigating White Advantage and White Fragility," *Los Angeles Review of Books*, September 6, 2018, https://lareviewofbooks. org/article/on-the- defensive-navigating-white-advantage-and-white-fragility.

3. Nell Irvin Painter, "In 'Stony the Road,' Henry Louis Gates Jr. Captures the History and Images of the Fraught Years after the Civil War," *New York Times Book Review*, April 28, 2019, https://www.nytimes.com/2019/04/18/ books/review/stony-the-road-henry-louis-gates.html.

4. Yale University Press, "The Christian Imagination," https://yalebooks.yale. edu/book/9780300171365/christian-imagination.

5. Robert Lashley, "You Can't Untangle Race from Class in America," *The Stranger*, November 29, 2016, https://www.thestranger.com/books/2016/11/29/ 24716347/you-cant-untangle-race from-class-in-america.

6. Paul Devlin, "'The History of White People,'" *San Francisco Chronicle*, March 28, 2010, https://www.sfgate.com/books/article/The-History-of-White-People-3194794.php.

7. Richard Rothstein, *The Color of Law: The Forgotten History of How the Government Segregated America* (New York: Liveright Books, 2017), xvii.

8. Review of *The Arrogance of Faith*, *Publishers Weekly*, n.d., https://www.pub-lishersweekly.com/978-0-394-57993-1.

9. Harmony Trevino [review of *American Like Me*], *Latino Book Review*, February 6, 2019, https://www.latinobookreview.com/american-like-me-reflections-on-life-between-cultures---america-ferrera--latino-book-review. html.

10. Gerald A. Padilla [review of *Tell Me How It Ends*], *Latino Book Review*, March 18, 2018, https://www.latinobookreview.com/valeria-luiselli---tell-me-how-it-ends--latino-book-review.html.

11. Mónica Rodriguez-Raygada [review of *Latino Americans*], *Latino Book Review*, July 31, 2016, https://www.latinobookreview.com/ray-suarez.html.

12. Alan Gerardo Padilla Aguilar [review of *Crucible of Struggle*], *Latino Book Review*, February 17, 2016, https://www.latinobookreview.com/zaragosa-var-gas.html.

Realizando la
amada comunidad

Prefacio

De Michael B. Curry

Este mandamiento nuevo les doy: que se amen los unos a los otros. Así como yo los he amado, también ustedes deben amarse los unos a los otros. De este modo todos sabrán que son mis discípulos, si se aman los unos a los otros.

Juan 13:34-35

¿Es e *pluribus unum* «de muchos, uno» posible? ¿Es posible la visión de una nación bajo la soberanía de Dios, de muchas personas diversas, con libertad y justicia para todos? La frase es el lema oficial de los Estados Unidos. Está grabado en el Gran Sello del país. Es una declaración de lo que decimos que aspiramos a ser como nación, sociedad y pueblo. Pero, ¿es posible? ¿Es posible el éxito del experimento estadounidense de una sociedad democrática multi-racial, pluralista e igualitaria? ¿Es posible que este sea un país en el que «hay lugar de sobra para todos los hijos de Dios», como cantaron alguna vez los africanos esclavizados en este país?

La pregunta no es sólo para los Estados Unidos. Es una pregunta para toda la raza humana. El Dr. King a menudo la planteaba de esta manera: «Debemos aprender a vivir juntos como [hermanas y] hermanos, o pereceremos juntos como tontos». Esa no es simplemente una interesante pregunta religiosa. Es una de máxima urgencia.

Soy seguidor de Jesús de Nazaret porque creo que su forma de amor encarnada en su Espíritu, su vida y su enseñanza nos muestra el camino y el corazón del Dios que la Biblia dice que «es amor». Al hacerlo, Jesús nos ha mostrado el verdadero camino de la vida de Dios. Él nos ha mostrado la manera de vivir en una relación justa, reconci-liados con el Dios que es nuestro Creador, y unos con otros como hijos de Dios y con toda la creación de Dios. Él nos ha mostrado el camino que conduce al reino de Dios, el camino para vivir en el gobierno y reinado de Dios, el camino para vivir como la familia de Dios, la amada

REALIZANDO LA AMADA COMUNIDAD

comunidad. En eso, creo, radica la esperanza para el planeta y la raza humana, porque eso es lo que Dios tenía en mente cuando dijo por primera vez: «hágase la luz».

En 1927, James Weldon Johnson compuso siete poemas basados en los sermones de los predicadores africanos esclavizados en los Estados Unidos de antes de la Guerra de Secesión. Los publicó con el título de *God's Trombones* [Los trombones de Dios].[1] Los sermones originales formaban parte de la popular tradición oral de los esclavos. Por ejemplo, uno de ellos, «La Crucifixión», recontaba pintorescamente la historia del juicio y la crucifixión de Jesús. Otro, «El Éxodo», narraba el paso del Mar Rojo, y otro, «Desciende, muerte: sermón para un funeral», contaba la historia del tránsito de una mujer llamada la hermana Carolina de este mundo al otro. Estos poemas captaron la visión imaginativa de bardos incultos e iletrados que hablaban de una esperanza trascendente, de una sabiduría que no era de este mundo. De estos sermones y cánticos espirituales, y de la tradición espiritual que reflejan, Howard Thurman escribió una vez: «Mediante una intuición espiritual asombrosa pero sumamente creativa, el esclavo emprendió la redención de una religión que el amo había profanado en su entorno».[2]

En ninguna parte es esto más evidente que en «La Creación», el primer sermón-poema de esta colección. En este poema, el predicador-poeta vuelve a contar la historia de la creación del mundo tal como la narró un antiguo poeta hebreo en los primeros capítulos del Libro de Génesis. Comienza con estas palabras:

Y Dios salió al espacio,
y miró en torno suyo y dijo:
Estoy solo,
me haré un mundo.[3]

Esta es una de esas «percepciones espirituales creativas» de las que habló Howard Thurman. Piénsenlo por un momento. El universo social del esclavo era un universo hostil en el que la persona esclavizada era arrancada de su tierra natal, llevada a una tierra ajena como una mercancía, definida *de jure* como menos que humana, privada de su libertad, sin esperanza terrenal de nada mejor. Sin embargo, el poeta-predicador, viviendo en un universo social hostil, comprendió que Dios, el creador, no lo creó a él ni a nadie para ser esclavo o amo de esclavos. El plan y el propósito de Dios en la creación es amoroso, liberador y vivificador. La creación fue hecha para ser el contexto de la comunión y la comunidad entre Dios, los hijos humanos de Dios y toda la creación de Dios. La comunión de los amados es el objetivo de todo ello.

Tomando en préstamo algunos de los votos del Santo Bautismo en el Libro de Oración Común, el racismo es una manifestación de «las fuerzas espirituales del mal que se rebelan contra Dios». Es un mal que «corrompen y destruyen a las criaturas de Dios». Es uno de los frutos de «los deseos pecaminosos que te apartan del amor de Dios».[4]

Para decirlo de otra manera, el racismo es un cáncer que, si no se trata, se deja que se propague y mute, puede agredir, afectar y destruir comunidades, sociedades e hijos de Dios. Lo digo como sobreviviente de cáncer colorrectal y de próstata. Hay tres dimensiones de mi propia experiencia que pueden resultar útiles aquí: diagnóstico, tratamiento y monitoreo y atención continuos. Cuando el médico me dijo que tenía cáncer, no era el diagnóstico que quería escuchar. El tratamiento a veces no era fácil de soportar, y el seguimiento continuo era una necesidad constante de mi cuidado.

El diagnóstico, el tratamiento y el control y la atención continuos son dimensiones cruciales del proceso de curación. El equipo médico que me atendió no lo llevó a cabo para agredirme o dañarme. Al contrario, tuvieron que hacerlo para ayudarme y curarme. De la misma manera, la curación del cáncer del racismo exige un diagnóstico honesto, una intervención y un tratamiento reales y un seguimiento y atención continuos. Eso no es fácil. El diagnóstico de la enfermedad del racismo aquí a veces puede ser difícil de escuchar. El curso del tratamiento, la labor de curación, a veces puede ser difícil de soportar. La necesidad de un seguimiento y atención de por vida siempre se erige como un recordatorio de que, si bien se ha obtenido la victoria, el trabajo continuo de vigilancia y recuperación nunca termina. Pero aquí ha de hallarse la labor ardua y santa del amor que puede ayudarnos y restaurarnos.

Estoy muy agradecido por el liderazgo de los obispos Tom Briedenthal y Allen Shin, y miembros del Comité de Teología que han pasado los últimos cinco años trabajando en este libro. Estoy agradecido por su quehacer, pero aún más agradecido de que hayan hecho y nos estén ayudando a todos a llevar a cabo la labor de diagnóstico, tratamiento y atención de por vida. Esta es una tarea ardua y santa, no para lastimar o dañar, sino para ayudar y sanar. Este es el arduo y santo trabajo del amor que nos puede llevar a algo cercano a la realización de la amada comunidad de Dios.

Este es un reflejo del sueño de Dios en la creación y la meta del reino y del dominio del Dios que es amor, por el cual Jesús nos enseñó a trabajar y a orar:

> Venga tu reino.
> hágase tu voluntad,
> en la tierra,
> como en el cielo.

Así que unamos nuestras manos, con nuestro Dios y entre nosotros, a través de todas nuestras diferencias, variedades y diversidades. Unamos nuestras manos como hijos del Dios que nos creó a todos, y oremos y trabajemos por un mundo que refleje más de cerca a la amada comunidad de Dios. Así pues,

> Si cual Pedro hablar no puedes,
> ni orar cual Pablo oró,
> ve y cuenta que por todos,
> Jesús murió en la cruz.

Bálsamo de amor hay en Galaad,

que alivia el dolor,

bálsamo de amor hay en Galaad,

que sana al pecador.[5]

Rvdmo. Michael B. Curry
27.º Obispo Presidente y Primado
de la Iglesia episcopal

Notas

1. James Weldon Johnson, *God's Trombones: Seven Negro Sermons in Verse* (Penguin Books, 1976; publicado por primera vez en 1927).

2. Howard Thurman, *Deep River: Reflections on the Religious Insight of Certain of the Negro Spirituals* (Port Washington, NY: Kennikat, 1969; publicado por primera vez en 1945), 36.

3. J. W. Johnson, *God's Trombones*, 15.

4. Libro de Oración Común (Nueva York: Church Publishing Incorporated, 1979), 222.

5. *Lift Every Voice and Sing II: An African American Hymnal* (New York: Church Publishing Incorporated, 1993), 203.

Comité de Teología de la Cámara de Obispos y Obispas (2017-2022)

Obispos y obispas contribuyentes

Obispa Laura Ahrens
Obispa sufragante, Diócesis de Connecticut
Obispa Jennifer Baskerville-Burrows
Obispa, Diócesis de Indianápolis
Obispo Larry R. Benfield
Obispo, Diócesis de Arkansas
Obispo Thomas E. Breidenthal, *expresidente*
Exobispo, Diócesis del Sur de Ohio
Obispo R. William Franklin
Exobispo, Diócesis del Oeste de Nueva York
Obispo asistente, Diócesis de Long Island
Profesor adjunto, Escuela Episcopal de Divinidad del Seminario Teológico de Union
Obispa Carol Gallagher
(Cherokee) Canóniga regional, Diócesis de Massachusetts
Obispa Gretchen Rehberg
Obispa, Diócesis de Spokane
Obispo Allen K. Shin, *presidente*

Obispo sufragante, Diócesis de Nueva York

Obispo Prince Singh

Obispo provisional de las Diócesis del Este y Oeste de Michigan

Obispo Wayne Smith

Exobispo, Diócesis de Misuri

Obispo Provisional de la Diócesis del Sur de Ohio

Obispo Porter Taylor

Exobispo, Diócesis del Oeste de Carolina del Norte,

Profesor visitante de Divinidad, Escuela de Divinidad,
    Universidad de Wake Forest

Teólogos y teólogas contribuyentes

La Muy Reverenda Dra. Kelly Brown Douglas

Decana de la Escuela Episcopal de Divinidad del Seminario Teológico
    de Union

Teóloga canóniga, Catedral Nacional de Washington DC

Teóloga residente en Trinity Church Wall Street

Profesora de la cátedra Bill y Judith Moyers en Teología,
    Seminario Teológico de Union

El Reverendo Dr. Sathianathan Clarke

Obispo de la cátedra Sundo Kim del Cristianismo Mundial,
    y Profesor de Teología, Cultura y Misión, Seminario
    Teológico Wesley

Dr. Stephen Fowl

Decano de la Facultad de Artes y Ciencias y profesor de Teología,
    Universidad de Loyola, Baltimore MD

La Reverenda Dra. Altagracia Pérez-Bullard, *Copresidenta*

Profesora asistente de Teología Práctica, Seminario Teológico
    de Virginia

La Reverenda Dra. Katherine Sonderegger

Profesora de la cátedra William Meade de Teología Sistemática,
Seminario Teológico de Virginia

Dr. Charles Mathewes

Profesor de Estudios Religiosos Carolyn Barbour, Universidad de Virginia

La Reverenda Dra. Beverly Mitchell

Profesora de Teología Histórica, Seminario Teológico Wesley

Dra. Kathryn Tanner

Profesora de Teología Sistemática Marquand, Escuela de Divinidad de Yale

El Reverendo Canónigo Dr. James Turrell

Decano de la Escuela de Teología, Universidad del Sur

Otros miembros contribuyentes

Ann Sabo, *coordinadora actual del Comité de Teología de la Cámara de*
Obispos y Obispas

Jacquelyn Winter, *excoordinadora del Comité de Teología de la Cámara de*
Obispos y Obispas

Vicente Echerri, *traductor al español*

Giovanna Serrano, *traductora al español*

Subcomités sobre los documentos de la supremacía blanca y aprender a escuchar

Sobre los documentos históricos:

Kelly Brown Douglas, William Franklin, Beverly Mitchell,
Allen Shin, Kathryn Tanner

Sobre las narraciones:

Thomas Breidenthal, Sathianathan Clarke, Charles Mathewes,
Prince Singh, Porter Taylor

Sobre las Escrituras, la liturgia y la literatura patrística:

Laura Ahrens, Larry Benfield, Stephen Fowl, Wayne Smith,
James Turrell

Subcomités de ponencias sobre las reparaciones y la doctrina del descubrimiento

Sobre las narraciones:

Altagracia Pérez-Bullard, Allen Shin

Sobre el bautismo y las reparaciones:

Jennifer Baskerville-Burrows, Larry Benfield, R. William Franklin,
Gretchen Rehberg, James Turrell

Sobre la doctrina del descubrimiento:

Thomas Breidenthal, Caro Gallagher, Prince Singh,
Katherine Sonderegger

Introducción

Queridos hermanos, amémonos los unos a los otros, porque el amor viene de Dios, y todo el que ama ha nacido de él y lo conoce. El que no ama no conoce a Dios, porque Dios es amor. Así manifestó Dios su amor entre nosotros: en que envió a su Hijo unigénito al mundo para que vivamos por medio de él.

1 Juan 4:7-9

La amada comunidad representa el amor encarnado de Dios en Jesucristo, que nació del amor de Dios y fue llamado «mi Hijo amado» por una voz del cielo. La amada comunidad es la forma de vida a la que llamó a sus seguidores cuando enseñó a los discípulos en la Última Cena a amarse los unos a los otros. Así, la visión de la amada comunidad está intrínsecamente ligada con la autocomprensión histórica de la Iglesia y su ministerio de comunión. Es el don más importante que la Iglesia ha recibido de Dios en Cristo, y es, por lo tanto, fundamental para su vocación, ya que se esfuerza por encarnar el amor de entrega de Jesucristo en la cruz. Por la pura gracia de Dios y por nuestra participación en esa gracia, nosotros, como Iglesia, nos esforzamos por vivir el camino del amor tal como lo enseñó Jesús, para que todos sepan que somos sus discípulos. Este libro es un compendio de las ponencias que el Comité de Teología de la Cámara de Obispos y Obispas presentó sobre la amada comunidad y temas relacionados.

El Comité de Teología de la Cámara de Obispos y Obispas es convocado por el obispo presidente para llevar a cabo un estudio teológico y una reflexión sobre un tema significativo en la vida común de la Iglesia episcopal. En los últimos años el comité ha tratado temas tales como la comunión abierta y las relaciones entre personas del mismo sexo. El encargo de este comité era apoyar el llamado del obispo presidente Michael Curry para promover la causa de la amada comunidad. Fomentar la amada comunidad y la curación racial ha sido el tema central y el enfoque de su ministerio desde su elección en 2015.

La visión y la pasión del obispo Curry por la amada comunidad se capta en lo que dijo en una de sus muchas charlas sobre este tema:

> La Amada Comunidad no es un cuento de hadas; no es una esperanza entrañable que nunca se hará realidad. Es la única esperanza y es la verdadera esperanza. La Amada Comunidad, convertirse en la Amada Comunidad, es lo que Dios pretendía desde el principio y es lo que Dios no dejará de hacer hasta que lo realice.[1]

Sus sermones y charlas han incrementado en gran medida la corriente de apoyo para trabajar en asuntos de justicia racial y reconciliación en toda la Iglesia, los que surgieron con claridad y urgencia de la 79.ª Convención General. Esto, a su vez, ha energizado los movimientos de base y las conversaciones sobre justicia racial y curación durante la pandemia del COVID-19, en particular tras el asesinato de George Floyd. Por lo tanto, el trabajo de este comité es también una respuesta oportuna a este creciente sentimiento de curación racial y justicia racial en la Iglesia.

Presidido por el obispo Thomas Breidenthal, el comité de teología tuvo su reunión organizativa en mayo de 2017 en Chicago y llevó a cabo una conversación y un estudio exploratorio inicial. Los miembros del comité acordaron estudiar la amada comunidad desde tres aspectos —narraciones, documentos históricos y teología— y, en consecuencia, conformaron tres subcomités. Cuando el comité se reunió de nuevo en enero de 2018, se dieron cuenta rápidamente de que la mayor barrera para convertirse en una amada comunidad es el pecado de la supremacía blanca. Aunque la supremacía blanca no es el único pecado grave que la Iglesia debe abordar, es el problema más destacado y apremiante al que se enfrenta en el contexto histórico de los Estados Unidos, y es un obstáculo profundamente arraigado y omnipresente en nuestra vida común. Por ello, los miembros del comité acordaron que enfrentarlo es el primer paso para construir una amada comunidad. El comité trabajó con urgencia durante los dos años y medio siguientes, incluso mientras se enfrentaba a la crisis cada vez más profunda de la pandemia, y en la reunión en línea de la Cámara de Obispos y Obispas en septiembre de 2020 presentó un extenso informe titulado «White Supremacy, Beloved Community and Learning to Listen» [Supremacía blanca, amada comunidad y aprender a escuchar]. El momento de ese informe fue providencial, ya que el mundo presenciaba el estallido de conflictos y violencia raciales tras el asesinato de George Floyd. Los Estados Unidos se vieron obligados a reconocer la realidad histórica de la supremacía blanca y el racismo contra los afroamericanos y otras personas de color.

El informe ha sido reorganizado en dos capítulos para este libro. El capítulo 1, La supremacía blanca y la amada comunidad, estudia la naturaleza y la historia de la supremacía blanca y explora los marcos teológicos, bíblicos y litúrgicos para la amada comunidad como concepto y objetivo. El capítulo 2, La amada comunidad: cómo nosotros, como la Iglesia episcopal, aprendemos a escuchar, analiza la importancia de escuchar como una forma de construir la amada comunidad. Necesitamos escuchar las Escrituras, los escritos patrísticos, nuestras fórmulas litúrgicas y las historias de los silenciados, tanto en el pasado como en la sociedad contemporánea. Este estudio es sólo el comienzo y el primer paso para entender la omnipresencia histórica de la supremacía blanca en nuestra cultura y sociedad y para construir la amada comunidad de Jesucristo mediante la narración y escucha de historias. El comité espera que los lectores de este libro exploren más a fondo la rica lista de referencias y recursos que se ofrecen en el Apéndice 2.

En su reunión de mayo de 2020, el comité identificó las reparaciones como el siguiente tema importante relacionado con la amada comunidad. Después de que la Convención General de 2006 aprobara varias resoluciones sobre justicia racial y reparaciones, algunas diócesis comenzaron a trabajar en el tema de las reparaciones. Para el otoño de 2020, las diócesis y las organizaciones de la Iglesia episcopal habían logrado avances significativos en materia de reparaciones en sus contextos y ministerios locales. Con la renuncia del obispo Breidenthal a su puesto como presidente del Comité de Teología a finales de octubre de 2020, el obispo presidente nombró al obispo Allen Shin a la presidencia, quien, a su vez, invitó a la Rvda. Dra. Altagracia Pérez-Bullard a la copresidencia teológica del comité. En su reunión de enero de 2021, el comité esbozó y comenzó a trabajar en el tema de las reparaciones en relación con la amada comunidad. El comité se dividió de nuevo en tres subcomités: el estudio teológico, las narrativas de las reparaciones y el estudio de la doctrina del descubrimiento.

A la luz del estudio anterior sobre la supremacía blanca, el comité acordó que la doctrina del descubrimiento debía ser considerada un tema histórico y teológico importante que está intrínsecamente relacionado con la supremacía blanca y es un obstáculo importante para la visión de la amada comunidad.

La reparación es una cuestión de fe y, por lo tanto, un imperativo teológico. La reparación es un llamado bautismal, arraigado en las escrituras, la tradición y la identidad cristiana de los seguidores de Jesús. Las renuncias y adhesiones bautismales forman el marco teológico y litúrgico para que la Iglesia episcopal repare los males de la esclavitud, de la segregación Jim Crow y de la supremacía blanca, lo cual representaría un paso hacia el perdón, la reconciliación y la construcción de la amada comunidad. Por lo tanto, las comunidades religiosas están obligadas a mantener un programa de reparaciones que denuncie las realidades de un pasado pecaminoso y reconozca el impacto y los efectos en el presente, a la vez que transforme los sistemas y las estructuras actuales para construir un futuro equitativo y justo. El informe «Reparations and Beloved Community» [Reparaciones y la amada comunidad], fue entregado a la Cámara de Obispos y Obispas en septiembre de 2021. Hace un llamado urgente a la Iglesia para emprender esta importante labor.

En enero de 2022 se recopiló y redactó una muestra de cuatro proyectos de reparaciones para el informe a la Cámara de Obispos y

Obispas en marzo de 2022. Se encuentran en el Apéndice 1 de este libro. No son de ninguna manera una lista completa de ejemplos, ya que muchas diócesis y entidades locales de la Iglesia episcopal han asumido este importante proyecto en los últimos años. El comité lamenta que, debido a las limitaciones de tiempo y otros recursos de los miembros del comité, no se haya podido reunir más historias y ejemplos de reparaciones de toda la Iglesia y en las comunidades locales. Sin embargo, el comité espera que alguna oficina designada del Centro de la Iglesia episcopal se encargue de establecer un sitio en línea donde se recopilen y compartan otras historias de reparaciones.

«The Doctrine of Discovery and Beloved Community» [La doctrina del descubrimiento y la amada comunidad] era el último documento que faltaba, se terminó en enero de 2022 y se envió a la Cámara de Obispos y Obispas en marzo de 2022. Constituye el capítulo 4 de este libro. El llamado a las reparaciones está intrínsecamente relacionado con el concepto de que la tierra es una mercancía que se puede dividir, conquistar, amasar y controlar. El nombre que se le ha dado a este terrible concepto, que ha marcado la vida y la historia de muchos pueblos, en particular de los indígenas/originarios de esta tierra, es la doctrina del descubrimiento. El capítulo explora la historia de la doctrina del descubrimiento en relación con la supremacía blanca y la expansión imperial y colonial europea. Los cristianos deben vivir unidos como parte de ese «tejido único del destino», como lo describió el Dr. King, como que todos fuéramos parientes los unos de los otros, como personas que habitamos esta buena tierra y que no podemos prescindir de los otros y como personas que buscamos el bienestar de los demás por encima del propio. Este es el llamado y el mandato de nuestro Salvador Jesucristo. Este llamado es urgente; el momento es ahora.

El comité expresa su agradecimiento por el apoyo del obispo presidente durante los cinco años de este proyecto, así como agradece a la Cámara de Obispos y Obispas por recibir los informes. El comité también agradece a Church Publishing por haber aceptado imprimir estos informes en forma de libro para ponerlos a disposición de toda la Iglesia.

Nota

1. Obispo Michael Curry, «Becoming Beloved Community», YouTube, publicado por St Luke's, Salisbury, 20 de octubre de 2019, https://www.youtube.com/watch?v=uFMsi0mhHqs (consultado el 10 de febrero de 2022).

CAPÍTULO

1

La supremacía blanca y la amada comunidad

El pecado de la supremacía blanca

Cuando el Comité de Teología de la Cámara de Obispos y Obispas comenzó su trabajo, los miembros del comité rápidamente se dieron cuenta de que la mayor barrera para convertirse en una comunidad amada es el pecado de la supremacía blanca. La supremacía blanca no es el único pecado grave que la Iglesia debe abordar, pero tal como mostraron claramente nuestras deliberaciones, en este momento de nuestra historia, es el asunto más notable y apremiante que enfrentamos, y un obstáculo profundamente arraigado y generalizado para una mejor vida en común. Confrontarlo es el primer paso para edificar la amada comunidad.

El término «supremacía blanca» está cargado de connotaciones políticas y suscita toda clase de reacciones emocionales. El comité batalló con este término mismo, e incluso intentó buscar un término menos emotivo. Sin embargo, como expresó el obispo Wayne Smith, el término, por difícil que sea, define con exactitud las estructuras raciales de nuestra cultura y también nos dice, en sólo dos palabras, quién se beneficia de estas estructuras.

Al llamar a este problema «supremacía blanca», no queremos significar simplemente el pecado de la antinegritud ni de las muchas manifestaciones de discriminación basada en el color que son evidentes

---

Informe a la Cámara de Obispos y Obispas de su reunión en septiembre 2020

129

en nuestras calles, en nuestras escuelas, en nuestros centros de trabajo e incluso en nuestros lugares de culto. Más bien, deseamos abordar el hecho de que la nuestra es una cultura que, tanto estructural como ideológicamente, privilegia la blanquitud en virtualmente todas las facetas de la sociedad. Privilegiar la blanquitud es un pecado. Hablar acerca de esto como un pecado pone de relieve tanto su naturaleza íntima e individual como su más amplio poder estructural. Nuestra colectiva corrupción es profunda. A fin de eliminarla, necesitamos el constante empeño humano y la ayuda divina.

Los hechos de la supremacía blanca no pertenecen al ámbito exclusivo de la Iglesia. Las realidades de la desigualdad económica y educacional, de las vastas disparidades en [los índices de] encarcelamiento y del prejuicio cotidiano y los siglos de discriminación están al alcance de todos los que tengan oídos para oír y ojos para ver. Sin embargo, esos hechos son débil o imperfectamente percibidos por muchas personas blancas, y en tal medida que cuando las enfrentamos con ellos, muchas intentan negarlos o soslayarlos. La ignorancia e indiferencia de los blancos constituye sus propias formas específicas de pecado.

Nada de esto es nuevo, por supuesto. Los que vinieron al «Nuevo Mundo» estaban comprometidos con un proyecto imperialista que resultó mortífero para los pueblos indígenas o nativos, a los que usurparon sus tierras mediante la violencia, la guerra biológica y el engaño y la violación de tratados, justificándolo con el lenguaje religioso, una bula papal, la que dio en llamarse doctrina del descubrimiento. Los que fueron traídos al «Nuevo Mundo» en cadenas como propiedad para ser intercambiados o comprados, y que han sentido los látigos de la opresión, la violencia y la marginación, con frecuencia han intentado decir la verdad acerca de este pecado. Presidentes y profetas, escritores y mártires, hombres, mujeres y niños han dado testimonio desde antes de la fundación de esta nación. Una y otra vez sus palabras y ejemplos han caído en corazones endurecidos, con escasos efectos.

Es responsabilidad de la Iglesia reconocer y tener en cuenta el problema de la supremacía blanca. Este trabajo, sin embargo, también debe incluir la confesión y el arrepentimiento. Los episcopalianos deben reconocer el papel activo y sustancial desempeñado por el cristianismo, la Comunión Anglicana, y la Iglesia episcopal, en construir, mantener, defender y sacar provecho de este pecado y escándalo monstruosos.

Para entender la supremacía blanca

Habiendo definido la supremacía blanca como el principal obstáculo para la amada comunidad, se puede definir aún más proporcionando un contexto para ello, tanto dentro de la Iglesia episcopal como en los Estados Unidos. Esto incluye una investigación de las dos narrativas fundamentales que sustentan la supremacía blanca en los Estados Unidos: la antinegritud y el excepcionalismo anglosajón.

La antinegritud se remonta al primer encuentro de los europeos con los pueblos africanos, cuando las diferencias en apariencia y cultura llevaron a los europeos a considerar a los africanos como seres inferiores y peligrosos, marcados por su negritud. La supremacía blanca se remonta a los antepasados y fundadores de los Estados Unidos, para quienes la identidad sociopolítica y cultural de los Estados Unidos estaba indisolublemente unida al mito de la superioridad anglosajona. Los capellanes a los primeros llegados europeos al continente norteamericano les predicaban que ellos eran el pueblo elegido, un nuevo Israel reclamando su tierra prometida. La «ciudad en la cima del monte» que los fundadores de la nación edificaban terminaba por ser un testamento de la excepcionalidad del carácter y valores anglosajones. El excepcionalismo norteamericano, se igualaba, pues, con el excepcionalismo anglosajón, y la «blanquitud» emergía como la forma perfecta de enmascarar el hecho de que los «Estados Unidos» era una nación de inmigrantes, con migrantes, incluso de Europa, que no eran realmente anglosajones. El blanco forjó un muro inexpugnable entre el mito estadounidense del excepcionalismo anglosajón y aquellos que podrían amenazarlo, y no se consideró a nadie más amenazador que los negros, de ahí la virulenta endemia antinegritud de los Estados Unidos.

Esta antinomia blanco/negro es la fundación de la cultura supremacista blanca: una mentalidad y una cultura colonial que sistemática, estructural, social e ideológicamente promueve la noción de la superioridad blanca al privilegiar la blanquitud en virtualmente todas las facetas de la sociedad, al tiempo que intenta doblegar al otro no blanco. La blanquitud es esencialmente el pasaporte al espacio excepcional en que consiste la identidad estadounidense, tal como queda definida por el mito anglosajón. Ser no blanco es ser considerado no estadounidense, algo especialmente irónico respecto a los pueblos nativoamericanos. Es sólo al entender la naturaleza compleja e insidiosa de la supremacía blanca que nosotros como la Iglesia podremos lealmente impugnarla.

La supremacía blanca y la antinegritud

La realidad actual de que a los negros se los supone culpables, se los ve como peligrosos y amenazantes, y se los acusa de «vivir como negros» se ha estado fabricando durante mucho tiempo. Es la consecuencia de una narrativa antinegra que está metida en el tuétano de la identidad de la nación y profundamente integrada en la conciencia colectiva estadounidense, si no de la sociedad occidental. Esta narrativa tiene sus raíces en las primeras incursiones europeas al continente africano.[1]

Si bien los intelectuales griegos y romanos fueron ciertamente chovinistas en lo que tocaba a la estética corporal de su propia gente, hay pocas pruebas de que un prejuicio de color «de carácter racial», tal como lo conocemos hoy, fuera parte integrante de su pensamiento o su cultura. Debe decirse, empero, que la tradición filosófica griega, particularmente como se refleja en la obra de Aristóteles, plantó una fértil semilla para la narrativa de la antinegritud que llegaría a definir el pensamiento occidental.

El pensamiento aristotélico echó los cimientos para las jerarquías raciales que definieron a las personas negras como inferiores. Por ejemplo, en el empeño de justificar la superioridad dominante de los griegos, Aristóteles equiparó el clima con la disposición y la naturaleza humanas. Arguyó él que los climas extremos producían poblaciones intelectualmente, si es que no también moralmente, inferiores, en tanto los climas moderados, tales como el de Grecia, producían poblaciones con una natural disposición para gobernar. Además, Aristóteles sugería que el color de la tez era un resultado del clima. Argüía que el frío extremo producía una pálida población inferior, mientras el calor extremo producía una población inferior oscura, tales como los africanos, a quienes describió con las «caras quemadas» —el significado original de etíope—, implicando que eran personas quemadas por el sol. Sin embargo, las semillas de la jerarquía racial de Aristóteles no llegan a germinar plenamente hasta el encuentro de los primeros europeos, sobre todo los ingleses, con África.

El color de la piel era importante para los ingleses, tal como lo había sido para Aristóteles, y prontamente describieron como «negros» a los primeros africanos que encontraron. Esto no era una designación inocua. El Diccionario Inglés de Oxford ya había establecido la negrura como una señal de vileza, peligro y maldad,[2] en contraste con la blancura como señal de inocencia, pureza y bondad. Tan distante como estaba la tez africana de la europea, el significado de la negritud dependía de la blancura; de manera que describir a los africanos como «negros» garantizaba que la mirada eurocéntrica nunca sería, y nunca podría ser, inocente. Este fue el comienzo de una narrativa antinegra que proporcionó la justificación estética para la esclavización y otros actos violentos contra los cuerpos de hombres y mujeres «negros». El color de la piel no era el único rasgo físico que asombraba a los primeros intrusos y saqueadores blancos de África. Los europeos también advirtieron el grosor de los labios de los africanos, la anchura de sus narices y la textura de su cabello. Cuando estos aspectos se combinaron con la disimilitud de vestimenta, costumbres y prácticas religiosas, los entremetidos europeos se convencieron de que la «negrura» de los africanos era más que superficial. Debía penetrar, creyeron, el carácter y el alma mismos de los africanos —si es que los africanos tenían alma, algo que era tema de debate—. Los europeos estaban seguros de que los africanos estaban tan completamente incivilizados que eran más bestias que seres humanos, ajenos por completo a lo divino.

La afirmación de que los africanos eran bestiales, que se empleaba con frecuencia en los cuadernos de viaje europeos, implicaba no sólo que los africanos eran salvajes e incivilizados, sino también que eran seres hipersexuales. Como apunta el historiador Winthrop Jordan, el término «bestial» tenía connotaciones sexuales en el inglés isabelino. Por consiguiente, cuando un inglés describía a los africanos como bestiales, «con frecuencia estaba registrando tanto un sentido de ofensa sexual como describiendo modales canallescos...».[3] Complicando esta evaluación estaba la infortunada circunstancia de que el primer encuentro de los europeos con los africanos coincidió con su primer encuentro con los animales de África. Por lo tanto, la imaginación europea sólo requirió de un pequeño salto para concebir una conexión entre los simios africanos y las poblaciones de África que trascendía con mucho la ubicación geográfica. Una vez que tal conexión se estableció, resultaba aún más fácil para los europeos el salto lógico de asumir, como Jordan señala, «una cópula o coyuntura bestial» entre los dos grupos.[4] Lo «negro», entonces, servía para señalar a una población que era tanto groseramente incivilizada como peligrosamente hipersexual.

Esta narrativa antinegra se instaló en el foro público de Europa mediante un discurso científico, filosófico, literario y religioso, y llegó a arraigarse profundamente en la psique occidental. Sin embargo, es mucho más que una simple repulsión chovinista al color de la piel y a las diferencias culturales. La narrativa antinegra niega la humanidad misma de una población y representa a sus miembros como peligrosamente incivilizados, llevando a los europeos, y con el tiempo a los estadounidenses blancos, a considerar a los negros como un grupo que debe ser controlado y vigilado a fin de proteger a la humanidad civilizada, la cual, por supuesto, está compuesta de puras e inocentes personas blancas.

Esto nos lleva a la segunda narrativa preocupante intrínseca a la identidad nacional estadounidense: el excepcionalismo anglosajón, que depende de la antinegritud para sostenerse.

El excepcionalismo anglosajón y la supremacía blanca

Cuando los peregrinos y antepasados puritanos de la nación huyeron de Inglaterra para escapar de la persecución religiosa, creían ser los descendientes de un antiguo pueblo anglosajón que poseía elevados valores morales y un «amor instintivo por la libertad».[5] Estos primeros estadounidenses cruzaron el Atlántico con una visión de una nación que era política y culturalmente, sino demográficamente, fiel a esta herencia anglosajona «excepcional».

Más allá del amor a la libertad y de poseer integridad moral, había también un componente divino en la herencia anglosajona, que, a través de los antiguos bosques de Alemania, se remontaba a la Biblia. Los anglosajones se imaginaban los nuevos israelitas, portadores de una misión divina de edificar una nación religiosa que reflejara las virtudes y costumbres morales de Dios, las cuales, convenientemente, eran sinónimas de las virtudes y la moral de sus ancestros anglosajones amantes de la libertad. Influenciados por el pensamiento de filósofos como Aristóteles y la evaluación inglesa del continente africano, estos recién llegados del otro lado del Atlántico traían consigo no sólo un sentido de la supremacía anglosajona, sino también de inferioridad africana. La narrativa de la antinegritud era una parte muy importante de sus creencias.

Esta visión anglosajona y antinegra fue pronto compartida por los próceres fundadores de esta nación, tales como Thomas Jefferson. Si bien Jefferson estaba comprometido con una nación que prometía una justicia donde todos pudieran procurar la vida, la libertad y la felicidad, también creía sin ambages en la superioridad anglosajona, llegando a estudiar incluso la lengua y la gramática anglosajona e insistiendo en que debían enseñarse en la universidad. Este Padre de la Democracia también poseía esclavos, al tiempo que creía que la esclavitud era contraria al compromiso con la libertad y la democracia de los Estados Unidos, y creía que los esclavizados eran irrevocablemente inferiores a los blancos. En una carta a un amigo, se refería a los negros como «plagas de la sociedad» y advertía que «su amalgama con otros colores [es decir, con personas blancas] produce una degradación a la que ningún amante de su país, ningún amante de la excelencia en el carácter humano puede consentir inocentemente».[6] Basándose en sus sentimientos antinegros, Jefferson, en *Notes on the State of Virginia* [Apuntes sobre el estado de Virginia], arguyó que el orangután tiene una mayor preferencia por las mujeres negras que por «las de su propia especie», y que los machos negros «son más ardientes que sus hembras: pero el amor parece ser más un deseo vehemente que una tierna y delicada mezcla de sentimiento y sensación», y agrega que «nunca había [él] encontrado a un negro que hubiera enunciado una idea por encima de una simple narración».[7]

Claramente, Jefferson adoptó las narrativas del excepcionalismo anglosajón y de la antinegritud, aunque contradecían su visión declarada de la democracia estadounidense. En muchas formas, Jefferson encarnaba estas contradicciones, y consecuentemente las integró en el tejido de la nueva nación, permitiendo que su blanquitud atenuara su sentido de la democracia. No obstante, Jefferson no fue ciertamente el único arquitecto de la democracia de los Estados Unidos para quien este fuera el caso; lo mismo puede decirse de Benjamin Franklin e incluso del llamado «Gran Emancipador», Abraham Lincoln. Esencialmente, los fundadores y legisladores de la democracia estadounidense sostuvieron y abrazaron tanto el mito del excepcionalismo anglosajón como la narrativa antinegra que la apuntala.

Los Estados Unidos eran concebidos como un testamento a la sacralidad del carácter y los valores anglosajones, tal como los encarna la población anglosajona. A fin de salvaguardar esta visión y sentido de identidad, nació una cultura dominante de la blanquitud, en la cual sólo el color de la piel servía para indicar la presencia de valores anglosajones. La cultura que valoraba la blanquitud llegó a incluir a otras personas blancas que no eran anglosajonas, quienes, a su vez, llevaron a inculcar la blanquitud como la norma cultural dominante, porque no todos los de apariencia anglosajones eran realmente anglosajones.

La elevación de la blanquitud era inevitable ya que, como se señaló anteriormente, la blanquitud había llegado a significar pureza e inocencia moral, y por consiguiente era la única tez adecuada para los excepcionales anglosajones. La blanquitud se convirtió en el muro inexpugnable entre el mito del excepcionalismo anglosajón de los Estados Unidos y los que podrían ponerlo en peligro: todas las personas del otro lado de la blanquitud, afectando a los indígenas y a los que migraban de Asia y América Latina. Además, no había nada que se opusiera más a la blanquitud que la negritud, no sólo en el color, sino también en lo que la negritud supuestamente significaba. Dentro de esta oposición de blanquitud y negritud nació una cultura supremacista blanca.

La cultura supremacista blanca es una cultura que sistemática, estructural, social e ideológicamente promueve la noción de la superioridad blanca al privilegiar la blanquitud en virtualmente todas las facetas de la sociedad. El privilegio blanco es el sistema de beneficios tácito y dado por sentado que le otorga a las personas blancas de los Estados Unidos el mito del excepcionalismo anglosajón, el cual fomenta y sostiene nociones de superioridad blanca e inferioridad negra. W. E. B. Du Bois se refiere a estos privilegios como los «salarios» de la blanquitud.[8] Estos salarios, dice él, no consisten en ingresos; de hecho, suplantan los casos en que el obrero blanco no podría ser compensado más que el obrero negro. Los salarios de la blanquitud son privilegios que son mucho más valiosos que la compensación económica, porque concretan la distinción entre personas blancas y negras. Son «una especie de salario público y psicológico» que trasciende lo que significa ser un ciudadano.[9] Dicho en pocas palabras, son los bonos añadidos no sólo por ser lo suficientemente anglosajón, sino también por proteger el espacio anglosajón. Son los privilegios de reclamar un espacio y excluir de él a otros, y son los privilegios de una supuesta virtud moral y de una presunta inocencia.

Con el surgimiento de una cultura supremacista blanca, dos cosas resultan claras. Primero, la misma noción de supremacía blanca depende de la narrativa de la antinegritud, ya que la ideología de la superioridad blanca descansa en la idea de la inferioridad negra. Segundo, como apunta el historiador laboral David Roediger, desde sus inicios los Estados Unidos han sido una nación donde «la blanquitud era tan importante»,[10] un sentimiento captado por el asesino de Abraham Lincoln, John Wilkes Booth: «Este país fue fundado para el blanco, no para el negro».[11] Dicho sin rodeos, el fundamento sociopolítico y cultural de los Estados Unidos está orientado a permitir que la blanquitud mantenga su terreno de superioridad. Y esto se ha llevado a cabo por todos los medios necesarios. En esto consiste la cultura supremacista blanca que define a nuestra nación en estos tiempos.

La supremacía blanca y la historia de la Iglesia

El proceso de recordar, recontar y revivir es necesario para crear una narrativa y visión nuevas de la amada comunidad, y la Iglesia no puede sostener debates significativos, contar esas historias o incluso escucharlas, sin reconocer primero la influencia predominante de la supremacía blanca. Si la Iglesia ha de ser la amada comunidad, debemos escuchar las historias del pasado que han sido omitidas del registro oficial, historias que cuentan la verdad que nunca hemos oído.

Los archivos son una fuente. Contienen un tesoro de lo que ha quedado fuera de estas narraciones. Esas narrativas archivadas son historias vibrantes de personas reales en comunidades marginadas y los esfuerzos que emprendieron para seguir siendo miembros fieles del Cuerpo de Cristo: episcopalianos nativoamericanos, episcopalianos afroamericanos y otros episcopalianos de la diáspora africana, episcopalianos asioamericanos y episcopalianos latinos. La Iglesia debe escuchar estas voces y estas historias, los cantos, el dolor y la esperanza de estas comunidades, como componentes legítimos de la narrativa de la Iglesia, no como notas al pie de la «versión oficial» de su historia.

Cuando la Iglesia reduce la historia de otros a anomalías, estereotipos o imágenes aisladas del pasado, negamos la riqueza de nuestra herencia, así como la diversidad de la amada comunidad y la dignidad de todo ser humano cuya experiencia difiere de la de la mayoría.

La supremacía blanca histórica: el alma en conflicto de los Estados Unidos

En su texto clásico de 1903, *The Souls of Black Folk* [Las almas del pueblo negro], W. E. B. Du Bois usa la metáfora de «almas en conflicto» para describir lo que él considera el dilema existencial de los afroamericanos, que son a un tiempo africanos y estadounidenses. Esta metáfora del alma en conflicto capta de manera idónea la historia de nuestra nación, un país con «dos pensamientos, dos empeños no reconciliados, dos ideas en conflicto».[12]

¿Vamos a estar en una ciudad anglosajona amurallada o a ser un faro de la diversa creación de Dios? ¿Vamos a ser una nación esclavizadora o una nación que busca la libertad? ¿Vamos a ser una nación segregacionista o una nación justa y equitativa? ¿Vamos a ser una nación xenófoba e intolerante o una nación acogedora y multicultural? ¿Vamos a ser una nación donde la blanquitud «mantenga sus fueros» por cualquier medio que sea necesario o una nación donde todos podamos vivir, movernos y ser con seguridad?

El alma en conflicto de esta nación se hace más obviamente manifiesta en la actualidad por el mismo hecho de que puede declarar audazmente que todos son creados iguales y dotados de los derechos inalienables de la vida, la libertad y la búsqueda de la felicidad, y aún así elegir una visión para los Estados Unidos que fomenta el genocidio de los pueblos indígenas, la criminalización de los negros, la sexualización de las mujeres, la deshumanización de los inmigrantes y la anulación de las personas transgénero.

No es nuevo que los Estados Unidos se encuentren en una situación de alma en conflicto, ya que la verdad del asunto es que un alma dividida es intrínseca a la identidad de esta nación. Las realidades contradictorias actuales apuntan a narrativas preocupantes que están entretejidas en el tejido de la nación. Son las narrativas del excepcionalismo anglosajón y la antinegritud, las cuales proporcionan la base para una cultura supremacista blanca.

Definir la amada comunidad

Entender el problema de la supremacía blanca es el primer paso decisivo para empezar la ardua labor de edificar la amada comunidad. El segundo es explorar el concepto de amada comunidad mismo. El término fue acuñado por el filósofo estadounidense Josiah Royce (1855-1916), hombre blanco cuyo estudio de la amada comunidad brindó la base para una exploración más profunda del tema por parte del teólogo afroamericano Howard Thurman (1889-1981), de quien, por su parte, el Dr. Martin Luther King, Jr. probablemente derivó el término. A través de las lentes de la amada comunidad, el Dr. King vio la lucha del afroamericano por los derechos civiles como una manera de iluminar las más profundas implicaciones de la democracia de esta nación: el amor inequívoco al prójimo que se materializa en las relaciones personales y en las instituciones cívicas. Por tanto, la amada comunidad nombra tanto a una agenda inmediata como a una visión a largo plazo. También es doble en su condición de amada: amada por la gente a quien atrae y también amada por Dios.

Echar una mirada a la obra de Royce puede arrojar luz adicional a lo que el Dr. King quería decir con amada comunidad, tal como Royce desarrolla esta idea en su última obra importante, *El problema del cristianismo* [*The Problem of Christianity*], escrita en 1913.[13] Para Royce, el problema inherente al cristianismo es la tensión entre nuestra admiración por los heroicos seguidores de Jesús y la trampa espiritual de la competencia: naturalmente queremos superar a nuestros modelos espirituales. Este instinto competitivo sólo puede superarse por un esfuerzo sostenido de la voluntad, ayudada por la gracia, para concebir, crear y descubrir una red de relaciones no competitivas fundadas en una común devoción a Jesús. La amada comunidad es el producto de un acto de amor mediante el cual los individuos subordinan su autonomía a la autoridad de un llamado compartido. Es importante advertir que Royce no está imaginando ningún tipo de comunidad exclusiva. Más bien, él pide repetidamente respeto para todos, sin excepción. Sólo ese respeto sin reservas puede enfrentar la tentación a competir. Pero, ¿cómo se sostiene el amor que quiere a la amada comunidad? Se sostiene por la lealtad, que es tanto la forma que asume nuestro amor en su resistencia al egoísmo, como la forma que asume respecto al egoísmo que sigue siendo evasivo. Luego, la amada comunidad es una meta, no una posesión.

Para Royce hay una razón más profunda y más problemática por la cual la amada comunidad nos elude. Si la lealtad le da nombre a nuestra lucha por permanecer fieles a la comunidad que imaginamos y amamos, la traición define nuestro abandono voluntario de esa lucha, por breve o prolongada que sea. Cuando traicionamos nuestra lealtad a la amada comunidad, quedamos heridos, y de la misma manera queda la comunidad que ha luchado por permanecer leal a la causa. Los traidores se lastiman porque han traicionado su amor y nunca pueden deshacer ese hecho; incluso si se arrepienten y son perdonados, la vergüenza y la carga moral permanecen. Y la comunidad, incluso si perdona, vive con una pena que no puede superar por sí misma. El perdón preserva a la comunidad al compartir la vergüenza del traidor, pero no puede borrar la carga moral. Esto no es disminuir el inmenso valor espiritual del perdón, o negar que cualquier comunidad que aspire a convertirse en la amada comunidad debe ante todo ser una comunidad de perdón. No obstante, el imperativo del perdón que nos acerca a la esencia de la obra de Royce no lo es todo. El perdón, especialmente si va acompañado del testimonio de la verdad, puede mantener unida a una comunidad al restaurar la fraternidad al pecador y a la comunidad por igual. Pero ambos siguen aprisionados por lo que

Royce llama «el infierno de lo irrevocable».[14] Según Royce, el infierno es la conciencia, por parte del pecador, de que el pecado cometido no puede deshacerse; a pesar de poder ser perdonado o modificadas sus consecuencias, el acto es irrevocable. Para Royce, este es el dilema esencial que el cristianismo intenta resolver.

La única manera de salir de este *impasse* es la expiación. Aunque Royce con frecuencia trata la expiación y la reconciliación como sinónimos, para él son en verdad distintos. La reconciliación se realiza dentro de y por una comunidad herida por la traición. La expiación es un don otorgado a la comunidad por un individuo o un grupo que, mediante algún acto de sacrificio espiritual o imaginación, logra transformar la traición en una ocasión para el bien. El ejemplo de Royce es la historia de José, vendido como esclavo por sus hermanos, pero capaz al final de ascender al poder en Egipto y de proteger a su familia del hambre. «Ustedes pensaron hacerme mal», les dice él a sus hermanos, «pero Dios transformó ese mal en bien» (Génesis 50:20). Por supuesto, Royce tiene en mente aquí la *felix culpa* que lleva a Dios a hacerse uno de nosotros en Cristo. Pero también indica la capacidad de cualquier siervo sufriente de transformar una narrativa de culpa y vergüenza en una narrativa de genuina esperanza y júbilo.

¿Qué significa la expiación entendida de esta manera para el concepto de Royce de la amada comunidad? Ya se trate del ámbito local o global, es una red de individuos comprometidos con el amor al prójimo, aunque acosada por el fracaso espiritual. Tal red se las arregla para sobrevivir a la disolución mediante el desarrollo de prácticas de tolerancia y perdón. Pero la capacidad y la energía para conservar estas prácticas se basan en la convicción de que el amor triunfa al hacer que el mal sirva al bien —no como una invitación a hacer el mal para que venga el bien, sino a través de la fe en que Dios dará vida a la muerte—.

Podemos ver cómo la noción de Royce de la amada comunidad era convincente para el Dr. King. Royce tiene claro que la dinámica que produce la lealtad en la amada comunidad trasciende la raza, la tribu, la religión y la clase, porque rechaza categóricamente la competencia. Aun más, Royce insiste en que la amada comunidad es un ideal no alcanzado aún. Esto evita que se la identifique acríticamente con comunidades que buscan la amada comunidad mientras aún soportan la carga moral y el trauma de la traición. Esto, a su vez, abre la posibilidad de un cuerpo invisible de personas que no sólo son leales, perdonadoras y/o arrepentidas, sino que también han experimentado la expiación y creen en ella.

Pero también podemos imaginar al Dr. King desconfiando de la expiación de Royce por ser demasiado susceptible a ser malinterpretada como una solución fácil. El traidor debe primero ser movido al remordimiento por el siervo sufriente, entrando así dolorosamente en las filas de los amados, antes de conocer el costo de la expiación para el(los) siervo(s) sufriente(s) y aceptar el costo de ese don, es decir, renunciar a ser mejor que nadie. Royce lo dijo, pero la obra vital de King lo aguzó.

Howard Thurman debatió la relación de esta idea de Royce en una conferencia que dictó en la capilla Marsh de la Universidad de Boston en 1951.[15] Él afirmó la importancia del concepto de la amada comunidad, y la noción afín a la de Royce de lealtad para la justicia racial y, en ultimo término, la reconciliación racial. Para parafrasear a Thurman, la amada comunidad es el fruto del respeto y al amor genuinos por todos los otros seres humanos, basándose en la necesidad y el compromiso compartidos para expandir ilimitadamente los lindes de la solidaridad. Es la lealtad a esta idea lo que constituye el «centro nervioso» para la realización de una auténtica comunidad humana receptiva, y tal lealtad sacrificial es la dinámica que da a la palabra «amada» su lastre y su empuje. Pero Thurman va más allá de Royce al insistir en que la lealtad debe trascender el compromiso individual para alcanzar la acción organizada.

La amada comunidad no es meramente un ideal, sino una lucha actual. Royce era un pacifista, y Thurman abogaba por la no violencia.

Esto era congruente para ambos pensadores con una voluntad de sostener un diálogo genuino con el extraño e incluso con el enemigo. Pero para Thurman, esta asunción de la paz sobre la guerra tenía que ir de la mano de estrategias prácticas para la acción común. Su respuesta a la supremacía blanca abrazó la no violencia no como docilidad sino como resistencia activa.

Dios nos llama a ser una amada comunidad

Comprender la supremacía blanca como la principal barrera para la comunidad amada, así como comprender precisamente lo que implica la meta de la comunidad amada, hace posible explorar el fundamento teológico de la comunidad amada y cómo lograrlo.

En Cristo todo el cosmos está siendo reconciliado con Dios, formando toda la creación en una amada comunidad. Esta gran obra de expiación es la misión de Dios, y la Iglesia es llamada a participar en esta misión. La misión de Dios se desarrolla en un mundo que está quebrado y alejado del *shalom* que Dios busca establecer en Cristo. Como individuos y como Iglesia, estamos sumidos en el quebrantamiento y en el pecado. La supremacía blanca se ha manifestado tanto como «pecado concreto», los pecados que cometemos, y como «pecado original», la mancha heredada que desfigura y corrompe a las generaciones posteriores. La Iglesia episcopal ha participado en la supremacía blanca, y esta participación ha sido una barrera para formar una amada comunidad. La Iglesia a menudo ha quedado del lado de la división y la alienación en lugar de en el de la reconciliación. Sin embargo, el pecado y el quebrantamiento no son las últimas palabras sobre nuestra situación. La buena nueva del Evangelio es que en Dios está reconciliando todas las cosas, la obra santa en las que participan los cristianos.

Notas

1. Este argumento se basa en Kelly Brown Douglas, *Resurrection Hope: A Future Where Black Lives Matter* (Maryknoll, NY: Orbis Books, 2021).

2. Diccionario Inglés de Oxford, www.oed.com/view/Entry/19755?redirected From=blackness#eid, consultado el 11 de febrero de 2022.

3. Winthrop D. Jordan, *White over Black: American Attitudes towards the Negro, 1550-1812* (Chapel Hill, NC: University of North Carolina Press, 1968), 33.

4. Jordan, *White over Black*, 31.

5. Tácito, «Germania» (Nueva York, 1996; Internet Medieval Sourcebook, trans. Thomas Gordon), https://sourcebooks.fordham.edu/basis/tacitus -germanygord.asp.

6. Thomas Jefferson a Edward Coles, 25 de agosto de 1814, National Archives, Founders Online, https://founders.archives.gov/documents /Jefferson/03-07-02-0439.

7. Thomas Jefferson, *Notes on the State of Virginia* (Nueva York, NY: Harper and Row Publishers, 1964), http://xroads.virginia.edu/~hyper/jefferson/ch14 .html.

8. W. E. B. Du Bois, *Black Reconstruction: An Essay Toward a History of the Part Which Black Folk Played in the Attempt to Reconstruct Democracy in America, 1860–1880*, (Nueva York: Harcourt, Brace, 1935), 700.

9. Du Bois, *Black Reconstruction*, 700.

10. David Roedinger, *The Wages of Whiteness*, tercera edición (London: Verso, 2007), 86.

11. Ta-Nehisi Coates, «The Case for Reparations», *The Atlantic*, junio de 2014, https://www.theatlantic.com/magazine/archive/2014/06/the-case-for -reparations/361631/, consultado el 11 de febrero de 2022.

12. Du Bois, W. E. B. *The Souls of Black Folk*. (n.p.: G & D Media, 2019).

13. Josiah Royce, *The Problem of Christianity* (Washington, D.C.: Catholic University of America Press, 2001).

14. Royce, *The Problem of Christianity*, 162.

15. Howard Thurman, «The Meaning of Loyalty #1», 6 de mayo de 1951, Marsh Chapel, Boston University, 31:12, http://archives.bu.edu/web /howard-thurman/virtual-listening-room/detail?id=341418. El argumento de Thurman se desarrolla en cinco conferencias consecutivas, tituladas colectiva- mente «The Meaning of Loyalty», que se dieron el 13 de mayo, 20 de mayo, 27 de mayo, 3 de junio y 10 de junio de 1951, http://archives.bu.edu/web /howard-thurman/virtual-listening-room/results?query=subj:376057.

2

La amada comunidad: cómo nosotros, como la Iglesia episcopal, aprendemos a escuchar

Escuchar como primer paso imperativo hacia la amada comunidad

En esta etapa de su historia, la Iglesia episcopal no puede simplemente anunciar al mundo que ahora estamos listos para ocupar nuestro lugar como un sitio de la amada comunidad de Dios. Para convertirnos en un sitio así, debemos escuchar. Escuchar, sin embargo, no puede ser simplemente una acción volitiva. Nosotros, como Iglesia, estamos tan profundamente enredados en la blanquitud de nuestra sociedad que nuestra capacidad de escuchar se ha visto comprometida, haciéndonos sordos selectivamente a muchas de las voces que debemos escuchar.

Necesitamos perfeccionar y reformar nuestras habilidades de escucha para escuchar verdaderamente las historias de los demás y tomar conciencia de sus viajes. Necesitamos escuchar las Escrituras, los escritos patrísticos, nuestras fórmulas litúrgicas y las historias de los silenciados, tanto en el pasado como en la sociedad contemporánea. Lo hacemos para aprender mejor la forma, la vida y las prácticas de la amada comunidad de Dios.

Informe a la Cámara de Obispos y Obispas en su reunión de septiembre de 2020

Al aprender a escuchar con los oídos de la amada comunidad, escuchamos no sólo lo que se puede oír, sino también lo que no se dice, como por ejemplo con el uso del lente de género. Cuando Noé escucha a Dios y se convierte en un instrumento por el cual la humanidad se salva de la destrucción, los nombres de la mitad de los humanos salvados (es decir, los nombres de las mujeres) no están registrados (Génesis 6). Luego está el relato de la mujer que unge a Jesús pero que permanece sin nombre (Lucas 7:36-50). También necesitamos escuchar claramente que los discípulos dudan del testimonio de las mujeres de la resurrección en los evangelios de Lucas y Juan, insistiendo en que deben ver por sí mismos para creer (Lucas 24; Juan 20), así como debemos escuchar cómo en el evangelio de Marcos, las mujeres no le cuentan a nadie lo que han visto en el sepulcro porque tienen miedo (Marcos 16).

Escuchar a través del testimonio bíblico

A lo largo de las Escrituras, las comunidades lucharon con la exclusión y la inclusión, y leemos las dolorosas historias de personas de adentro y de afuera esparcidas por los textos sagrados. Escuchar nos lleva a una comprensión más profunda de nuestro propio papel en la realidad del racismo y la dinámica del privilegio, y permite que la Iglesia blanca reconozca plenamente su incapacidad de escuchar, apreciar e incorporar las historias de los marginados. Escuchar es una parte clave de nuestro mandato tanto para aceptar el trabajo de construir una amada comunidad como para ampliar nuestra comprensión de la comunidad. Los textos de las Escrituras enfatizan repetidamente la importancia de escuchar y brindan numerosas advertencias sobre las consecuencias de no escuchar.

El llamado de Abraham (Génesis 12:1-3)

En este pasaje, Dios llama a un pueblo a la existencia, prometiéndole bendiciones y asignándole la vocación de ser el vehículo por el cual la bendición de Dios llegará a todas las naciones. Abraham escucha este llamado a participar en la misión de Dios. Abraham y sus descendientes no siempre escuchan satisfactoriamente, pero persisten en tratar de escuchar y responder a Dios, que los llamó primero.

«¡Oye, oh Israel!» (Deuteronomio 6:4-9)

Este pasaje, que contiene el llamado al amor de Dios con un sólo propósito y todo el corazón, comienza con el llamado a escuchar. El pasaje continúa con un conjunto de prácticas para hablar, escuchar y recordar las palabras de Dios.

La advertencia de Isaías (Isaías 6)

Cuando no podemos escucharnos unos a otros, Dios envía a los profetas para que el pueblo de Dios vuelva a escuchar y atender a la misión de Dios. Irónicamente, cuando más necesitamos escuchar a los profetas, nuestro pecado nos incapacita para oír. Los profetas señalan y luchan contra nuestra incapacidad. Esto es especialmente claro en el llamado de Isaías. Isaías es llamado a hablar a un pueblo que no puede, y no quiere, escuchar y responder. No obstante, habla, finalmente llamando al pueblo a una visión renovada y ampliada de la amada comunidad de Dios (Isaías 60).

Sabiduría y tontería (Mateo 7:24)

Al finalizar el Sermón de la montaña, Jesús le recuerda a su audiencia acerca de la importancia de ser hacedores de la Palabra, tanto como escuchadores. Jesús celebra las ocasiones en que el compartir la Palabra da sus frutos. Esto ocurre cuando dicho compartir se basa en nuestro llamado a escuchar las historias de otros, en especial de aquellos cuyas historias han sido ignoradas o pasadas por alto.

El espíritu y los discípulos (Mateo 17:5)

El derramamiento del Espíritu de Dios para nuestro oído se enfatiza en la transfiguración de Jesús, un momento decisivo de su ministerio.

Después de que los discípulos quedan cubiertos, presumiblemente por el Espíritu Santo, la voz del Padre anuncia: «Este es mi Hijo amado; estoy muy complacido con él. ¡Escúchenlo!».

La promesa del Espíritu (Juan 14:26)

Al final de su ministerio, Jesús promete a sus seguidores que el Espíritu será enviado para ayudarlos a escuchar y recordar sus palabras. Uno de los muchos resultados de escuchar es que nos traslada a un lugar de acción, buscando expandir nuestra participación en la amada comunidad.

Pentecostés (Hechos 2)

Pentecostés combina los rigores de la diversidad con la disciplina de la unidad: «Los discípulos estaban todos juntos en un mismo lugar». Es la fiesta de la gran democratización del cristianismo; el Espíritu llega a la raíz del salvajismo, no sólo a la amplitud de la misericordia de Dios y del amor curioso por todas las personas y toda la creación. Es un llamado contextualizado para abrir de par en par la puerta del amor de Dios a todos e insiste en que ¡todos significa todos! Mueve a la Iglesia a volverse más curiosa, compasiva y hospitalaria.

Convertirse en hacedores de la Palabra (Santiago 1-2)

Santiago nos llama a estar listos para escuchar y a ser lentos para hablar, y a recibir con mansedumbre la Palabra implantada. Las Escrituras nos llevan a un lugar de acción. Aprendemos que cuando escuchamos la Palabra, también somos llamados a ser hacedores de la Palabra. Tan a menudo hemos comenzado nuestros ministerios desde un lugar de acción, actuando desde suposiciones sobre nosotros mismos y sobre los demás. Santiago nos recuerda que, aunque nuestro quehacer es importante, a menos que comencemos por escuchar, nuestros ministerios no son los que buscan servir a la amada comunidad.

Santiago nos ayuda a mantenernos centrados en la importancia de escuchar, en particular las historias de los marginados. Nuestro fácil defecto puede ser prestar atención a los que están en el poder, pero Santiago llama a toda la Iglesia a escuchar a aquellos que han sido apartados, ignorados y pasados por alto en nuestra parcialidad por los poderosos.

La inclusión a través de la escucha: la historia de los Hechos de los Apóstoles

Pentecostés hizo a la Iglesia más curiosa del otro al reconocer el Espíritu en los gentiles, incluyendo así otros mundos que enriquecerían a todos. Incluir otros mundos supone una voluntad de cambiar nuestra visión del mundo. Por ejemplo, cuando una persona sorda que usa el lenguaje de señas estadounidense se une a un círculo, cambia la forma en que las personas viven, se mueven y tienen su ser, parafraseando las Escrituras. Dentro de los diferentes idiomas hay visiones del mundo que se deben tener en cuenta, desafiar, saborear y permitir que actúen como agentes de cambio.

El curioso Espíritu de Pentecostés condujo al crecimiento de la Iglesia. Más personas y más diversidad llevaron a una mayor claridad sobre las necesidades del mundo porque había más mundos más cerca. La ordenación de diáconos nutrió la práctica del servicio amoroso, haciendo a la Iglesia más compasiva, priorizando las necesidades del prójimo. Finalmente, Pentecostés abrió la Iglesia para que fuera más hospitalaria.

El primer umbral que cruzó la Iglesia fue el de la hospitalidad, en la negación de la restricción dietética. Las restricciones dietéticas son una antigua dicotomía basada en la ontología de que todas las cosas tienen su gradación en la cuadrícula de pureza/contaminación. Las raíces del racismo, el castismo, el capacitismo y la discriminación sexual y de género pueden encontrarse dentro de este caldero de pureza/contaminación. Las comunidades cristianas nacientes reunieron a judíos y gentiles de diferentes etnias en un solo cuerpo de diversos creyentes que estaban unidos en Cristo. Esto no fue de ninguna manera una tarea fácil; el Libro de los Hechos relata algunos de los desafíos de su ejecución. En una escena, Dios llama a Cornelio para que llame a Pedro, cuya visión de una sábana ha desafiado su comprensión de la comunidad. En última instancia, Pedro escucha a Dios y come lo que se le presenta, entendiendo que debe derribar barreras. De inmediato, las suposiciones antiguas son destruidas en la visión de Pedro: «Lo que Dios ha purificado, tú no lo llames impuro» (Hechos 10:15). Pedro come con Cornelio, un gentil, y los amigos judíos de Pedro se escandalizan. Pero Pedro les dice a sus enojados amigos que Cornelio y su familia han recibido el Espíritu Santo, tal como ellos lo han recibido. Los amigos escuchan el testimonio de Pedro y cambian de opinión sobre lo que constituye la comunidad. Se vienen abajo miles de años de epistemología.

A medida que más y más gentiles se unen a este grupo predominantemente judío de seguidores de Jesús, el estrés de unir a estos dos grupos tradicionalmente hostiles y alienados se torna tan intenso que la Iglesia primitiva se reúne en Jerusalén para resolver asuntos sobre cómo y bajo qué condiciones aceptar a los gentiles seguidores de Jesús. Pedro nuevamente desempeña un papel decisivo, contando la historia de cómo los gentiles han recibido el Espíritu tal como lo han hecho ellos, abogando por sus hermanos y hermanas gentiles en Cristo. Santiago y los demás escuchan el testimonio de Pedro y dan voz al movimiento del Espíritu: los gentiles son bienvenidos en la Iglesia.

Escuchar a través de la liturgia

La liturgia proporciona un lugar en el que podemos comenzar a practicar la escucha. Si bien gran parte de la liturgia implica que hablemos con Dios y acerca de él en oración y alabanza, hay espacios en los que se nos invita a escuchar, particularmente los muchos silencios posibles dentro de la liturgia. Con demasiada frecuencia, los que presiden y las comunidades se apresuran u omiten estos silencios, perdiendo oportunidades de escuchar la voz de Dios.

Además, la liturgia presupone un contexto de espiritualidad individual, en el que ya estamos escuchando a Dios a través de la oración individual y la lectura de la Biblia. Hay una dimensión contemplativa en la espiritualidad cristiana que los creyentes cultivan a través de la oración silenciosa en la presencia de Dios, que luego se convierte en el contexto de nuestra participación litúrgica. Reflexionando sobre los escritos de San Juan de la Cruz, y también sobre el prólogo del Evangelio de Juan, Thomas Keating sostiene que el primer idioma de Dios es el silencio y que todo lo demás es una traducción. Como dijo San Juan de la Cruz, Dios habló una Palabra (el Logos), y esa Palabra habla «siempre en el silencio, y en silencio debe ser escuchada por el alma [...] la sabiduría entra por el silencio».[1] En nuestras vidas individuales y colectivas, escuchamos a Dios tanto en el silencio como en la liturgia. Debemos preguntarnos qué papel juegan los sacramentos para ayudarnos a superar nuestro pecado, especialmente el pecado de la supremacía blanca, para que podamos avanzar hacia la comunidad amada que deseamos ser.

El bautismo y la amada comunidad

La supremacía blanca es una forma de identidad. Viola el nuevo orden establecido por el bautismo que tenemos en común y refuta nuestra pretensión de seguir a Jesús. Pero el bautismo forja un pueblo nuevo, confiriendo al bautizado una nueva identidad. Todas nuestras antiguas identidades y roles están subsumidos bajo nuestra identidad como persona bautizada, miembro del Cuerpo de Cristo. En contraste con lo que enseña el mundo, el agua bautismal es más espesa que la sangre y, a través de ella, todos los lazos de raza, tribu, clan y nacionalidad son desplazados por nuestra nueva identidad bautismal. El bautismo convierte al recién bautizado en servidor de la comunidad amada.

El propósito del bautismo es multifacético. En el agua del bautismo, estamos unidos a Cristo en su muerte y su resurrección; somos lavados del pecado y renacemos. También somos adoptados como hijos de Dios y formados como un sacerdocio real a partir de cada familia, lengua, pueblo y nación, borrando los muros divisorios entre nosotros (Efesios 2:14). Después del bautismo, «Ya no hay judío ni griego, esclavo ni libre, hombre ni mujer, sino que todos ustedes son uno solo en Cristo Jesús» (Gálatas 3:28). Por lo tanto, si nos tomamos en serio nuestro bautismo en Cristo, ya no podemos considerar a los demás desde un punto de vista humano, porque en el bautismo cada uno de nosotros llega a ser una nueva creación (2 Corintios 5:15-16). Así que, después del bautismo, ya no vivimos para nosotros mismos, esclavos del pecado y nuestro instinto competitivo. En cambio, vivimos para Cristo que nos reconcilió haciéndonos miembros de su cuerpo. Vemos a los demás como miembros de ese mismo cuerpo a quien se le ha confiado el mensaje y el ministerio de la reconciliación. Todos unidos como embajadores de Cristo, a través de los cuales Dios hace su llamado (2 Corintios 5:14-20).

El bautismo es una experiencia de renacimiento: somos una «nueva creación». El renacimiento del bautismo no es sólo una limpieza espiritual; es una nueva identidad. El bautismo es tanto un estanque como una fragua; al ser lavados somos hechos de nuevo. Justino Mártir afirmó que los que son bautizados son «regenerados».[2] Cirilo de Jerusalén describió la renuncia de los catecúmenos a Satanás como la ruptura de su «antiguo tratado con el infierno» y su cambio físico de oeste a este cuando luego hacían su profesión de fe para «simbolizar este cambio de filiación».[3] Las renuncias y adhesiones en el rito bautismal del Libro de Oración Común de 1979 constituyen una transferencia de lealtad, ya que rechazamos a «Satanás [...] a los poderes malignos de este mundo [...] a todos los deseos pecaminosos», «Te entregas a Jesucristo» y «Prometes seguirle y obedecerle como tu Señor».[4] La Acción de Gracias sobre el agua indica que, a través de las aguas bautismales, «nacemos de nuevo por el Espíritu Santo» y que a través del bautismo «traemos a su comunión [de Cristo] a los que, por fe, se acercan a él».[5] El libro de oración describe el bautismo como la creación de una nueva identidad para el creyente.

Este elemento temático del bautismo se eclipsó con el tiempo. Un factor fue la creciente prevalencia del bautismo infantil, normativo en el período medieval y principios de la época moderna: es difícil hablar del bautismo como una renuncia deliberada a las viejas prácticas y la conversión a una nueva forma de vida cuando los únicos candidatos son bebés de pocas semanas de nacidos. Al mismo tiempo, la relación entre la Iglesia y la cultura circundante era quizás demasiado cómoda en la «cristiandad» posconstantiniana para que resultara fácil ver las formas en que la lealtad a Cristo contrastaba con la lealtad al mundo. A los anglicanos les ha llevado mucho tiempo recuperar la idea de que el bautismo tiene implicaciones sociales, y el proceso de revisión que produjo el Libro de Oración Común de 1979 reescribió la liturgia bautismal.

El bautismo lava el pecado y, cuando se vive en él, también lava el privilegio, que es un obstáculo principal para la amada comunidad. Correctamente entendido, el bautismo sumergió todos nuestros marcadores de estatus y otras características bajo nuestra identidad como seguidores de Cristo y miembros de su cuerpo. El privilegio persiste obstinadamente cuando los cristianos olvidan su identidad bautismal común y no reconocen que, en lugar del privilegio, todos los bautizados son atraídos a un sacerdocio real compartido. Esta es una buena noticia para todos, tanto para los que han sido marginados como para los que han perpetuado esa marginación. El bautismo nos lava del pecado de las construcciones humanas, como la supremacía blanca, y nos señala hacia una nueva forma de ser y vivir como la comunidad amada.

El bautismo es a la vez puntual y lineal: es un evento de una sola vez, pero también es algo en lo que pasamos nuestra vida viviendo. Para los que tienen la edad suficiente para elegir el bautismo, se requiere preparación, al igual que para los padres y padrinos de los niños bautizados. Se requiere formación posbautismal de todos nosotros, tanto niños como adultos, mientras buscamos vivir las promesas que definen la vida y la nueva vida hecha en el bautismo.

Debido a que el bautismo de adultos y de niños mayores implica cambiar los compromisos de uno y reorientar la vida en torno a una nueva identidad en Jesucristo, la preparación bautismal debe ser seria, sustancial y prolongada. Se trata de adquirir nuevos hábitos de reflexión sobre experiencias de vida, que brinden herramientas para una nueva forma de vivir. Uno debe comprometerse también con la disrupción que este cambio de identidad puede conllevar. La buena preparación funciona, como dice el erudito Aidan Kavanagh, como una especie de intervención terapéutica para aquellos en proceso de conversión.[6] La preparación bautismal debe enfatizar que la nueva identidad asumida en el bautismo tiene prioridad sobre todos los demás compromisos e identidades, sin importar cuán importantes o valiosas puedan haber parecido esas lealtades en el pasado.

Debido a que el bautismo hace un reclamo total sobre la vida y la identidad del candidato, la liturgia misma debe representarse con audacia y con auténtica alegría. Los bautismos con un uso minimalista del agua no transmiten el cambio aplastante y extraordinario que significa el bautismo y al que aspira la Iglesia. Los símbolos y prácticas minimalistas implican un cambio mínimo, y quizás también reflejen nuestra propia incomodidad con la reorientación de la vida a la que nos llama el bautismo. El bautismo, en su uso del agua, debería evocar el ahogamiento de la vieja identidad; debe, cuando se usa el crisma, evocar la real unción de sacerdotes y profetas.

Debido a que la supremacía blanca es una realidad tan omnipresente, vivir la vida bautismal significa tomar en serio la promesa del pacto bautismal de arrepentirnos cuando caigamos en pecado. Estamos llamados a arrepentirnos tanto de nuestras transgresiones individuales como de nuestra participación en sistemas de opresión, esos «poderes malignos de este mundo que corrompen y destruyen a las criaturas de Dios» (Libro de Oración Común, 222). El pacto bautismal nos llama a reconocer que el pecado es más que una elección individual consciente.

La eucaristía y la amada comunidad

Nuestro bautismo se renueva cada vez que recibimos la eucaristía, que es en sí misma el tercer componente repetible del rito bautismal de lavado, la imposición de manos y la primera comunión. Por tanto, cada vez que participamos en la eucaristía se nos recuerda nuestra unidad en el Cuerpo de Cristo. Se nos dan compañeros eucarísticos, aquellos con quienes partimos el pan, no por nuestra propia elección. Recordamos la invitación de Agustín a los recién bautizados: «Sean lo que puedan ver y reciban lo que son».[7] Al recibir el Cuerpo de Cristo, somos moldeados en el Cuerpo de Cristo. Pero esta participación en el sacramento del Cuerpo conlleva también una amonestación, como también Agustín nos lo recuerda: «Cualquiera que recibe el sacramento de la unidad, y no mantiene el vínculo de la paz, no recibe el sacramento en su beneficio, sino un testimonio contra sí mismo».[8] La participación eucarística socava los muros divisorios que establecemos entre nosotros, al compartir un solo pan y una sola copa. Esta participación es en sí misma una anticipación del banquete mesiánico del final de los tiempos, en el que los invitados proceden de todos los pueblos y naciones. Esta es la visión de Dios para toda la humanidad.

Los sistemas de privilegio, como la supremacía blanca, amenazan a la asamblea eucarística. Los que eligen permanecer divididos por viejas lealtades cuando vienen a participar del Cuerpo y la Sangre, comen y beben su propia condenación (1 Corintios 11:29). Por el contrario, la ocasión de que personas de todas las razas compartan la copa común ha sido un testimonio histórico de unidad.[9] Esta unidad no borra nuestra heterogeneidad, sino que une a diversos individuos como miembros del Cuerpo de Cristo y servidores de la amada comunidad.

La Iglesia históricamente ha luchado por realizar esta visión bautismal, y la odiosa disparidad entre la retórica de la unidad en Cristo y la historia institucional de la discriminación racial es particularmente pronunciada. Por ejemplo, para apaciguar las ansiedades de los dueños de esclavos, la Iglesia de Inglaterra declaró que el bautismo no les daba a los esclavos el derecho a la libertad. Los dueños de esclavos en la América colonial a menudo se mostraban reacios a recibir la comunión en el mismo altar que sus esclavos, y en el Sur del siglo XIX, era común que los feligreses negros recibieran la comunión sólo después de que la hubieran recibido los feligreses blancos.[10] Después de la Guerra de Secesión, los episcopalianos blancos del Sur continuaron impidiendo que los afroamericanos ocuparan el lugar que les correspondía en la Iglesia, y en las décadas de 1950 y 1960, los episcopalianos blancos en las parroquias de todo el Sur intentaron prohibir que los afroamericanos participaran del culto.[11] Una vez que los obispos y las obispas comenzaron a hacer cumplir los cánones que prohibían la segregación, algunos blancos simplemente se fueron. Los miembros blancos de la Iglesia episcopal del Norte tampoco son inmunes a esta crítica. En todas las diócesis del norte de los Estados Unidos, y de hecho en toda la nación, históricamente hay congregaciones afroamericanas forjadas en el crisol de la segregación.

La Iglesia episcopal a menudo ha fallado en vivir en la unidad que exige nuestro bautismo y que se supone que promulga nuestra comunión eucarística. Pero los fracasos pasados de instituciones e individuos no niegan las obligaciones del bautismo. La Iglesia debe arrepentirse de sus fallas, reconocer nuestra complicidad en la opresión pasada y tomar la determinación de ser mejores.

Juntos, podemos renovar nuestro compromiso con el testimonio de unidad en el bautismo, vivido cada semana al reunirnos como Cuerpo de Cristo para recibir el Cuerpo de Cristo. Al modelar nuestras vidas sobre el testimonio sacramental del bautismo y la eucaristía, apuntamos hacia nuestra identidad compartida como hermanas y hermanos en Cristo, hijos adoptivos de Dios.

Escuchar a través de la narrativa

La narrativa es importante para el pueblo de Dios

Habiendo reflexionado sobre cuatro cosas —la supremacía blanca, el objetivo de la amada comunidad, el mandato bíblico y litúrgico de escuchar a Dios y de escucharnos los unos a los otros, y el papel de los sacramentos para lograr la reconciliación y la recuperación—, pasamos al papel que desempeñan las historias en hacer surgir la amada comunidad. Las historias son el marco para el significado. Son la forma principal en que interpretamos nuestros mundos. Por sí solo, el presente tiene poco significado si no se basa en una historia más amplia que tiene un pasado y anticipa un futuro. De hecho, esta falta de base es parte de lo que nos aqueja como sociedad. Con poco sentido del pasado, es difícil dar sentido al presente. Las historias y la narración ocupan un lugar central en las culturas de todos los pueblos, cada uno con una tradición rica y una comprensión de su poder sagrado dador de vida.

Las narrativas son nuestra conexión con los demás tanto en el tiempo como en el espacio. Conocemos a otra persona y empezamos a aprender de ella: de dónde es, qué hace, quiénes son sus parientes. Luego tejemos una narrativa en torno a ella y la conectamos con la nuestra. Después de un encuentro, la historia se expande cuando llamamos a nuestro cónyuge o amigo y le decimos: «Acabo de conocer a una persona de lo más interesante. Está de camino a San Francisco y le gusta la ópera y se crio en Nueva Jersey». Luego, la persona al otro lado de la línea dice: «¿De veras? Una vez conducía por Nueva Jersey mientras escuchaba una ópera», y colgamos. Una historia lleva a otra historia a medida que se cuenta una historia comunitaria. La conversación conduce a la comunión y, si es lo suficientemente profunda, también conduce a la conversión.

Los humanos están programados para la narración; sin ella viviríamos en un universo sin sentido, incapaces de ubicarnos en el espacio, el tiempo o la comunidad. Construimos una narrativa que da sentido a nuestro estado actual. Las historias son el aglutinante de la comunidad, la manera de ser humano y el modo de entender el mundo. Para citar a la autora Zora Neale Hurston, «No hay agonía como llevar una historia no contada dentro de ti».[12]

Las historias también pueden proporcionar un ingreso en lo santo, ayudándonos a gestionar y comprender algunos de los misterios más hondos y profundos de nuestra fe. Por ejemplo, cuando la gente le preguntaba a Jesús sobre los misterios más profundos, él no podía responderles directamente. Decía, más bien: «El reino de los cielos es como un tesoro escondido en un campo» (Mateo 13:44). Las historias son lo que recordamos. Si le preguntas a alguien al final de un sermón qué recuerda, será una historia.

Cada uno de nosotros tiene su propia historia y buscamos conectarla con la historia interminable de la muerte y resurrección del Señor, que a su vez nos conecta con el Cuerpo de Cristo. Nuestra historia es muerte y resurrección. Nuestra historia es que la historia tiene una trayectoria. Nuestra historia es que Dios está realizando el propósito divino, aquí y ahora, y nos invita a participar en esa obra divina. Asombrosamente para nosotros, algo le sucede al narrador mientras cuenta la historia. Martin Buber, el gran pensador judío, escribió: «La historia es en sí misma un evento y tiene las cualidades de una acción sagrada [...] Es más que un reflejo. La esencia sagrada de la que da testimonio sigue viviendo en ella. La maravilla que es la narrativa se torna poderosa una vez más». Para ilustrar su argumento contó esta historia:

> A un rabino, cuyo abuelo había sido discípulo de Baal Shem Tov, le pidieron una vez que contara una historia. «Una historia debe contarse», respondió, «para que en sí misma sea una ayuda» y su historia fue esta: «Mi abuelo estaba paralizado. Una vez le pidieron que contara una historia acerca de este maestro y cómo el santo Baal Shem Tov solía saltar y bailar mientras oraba. Mi abuelo se levantó mientras contaba la historia y el relato lo arrastró de tal modo que tuvo que saltar y bailar para mostrar la manera en que el maestro lo había hecho. A partir de ese momento, se curó. Es así como las historias deben contarse».[13]

No sólo contamos una historia; entramos en una historia. Entramos en su mundo y nos convertimos en parte de él. Entramos en el armario y estamos en Narnia. Los cristianos nos reunimos para recrear la historia: «La noche antes de morir, tomó pan». Cuando escuchamos eso, estamos en una habitación en Jerusalén hace dos mil años, y estamos aquí, y estamos en el gran banquete con ángeles y arcángeles y toda la compañía del cielo.

Si nosotros como Iglesia vamos a profundizar en nuestra fe, necesitamos recobrar la historia como el centro de nuestra fe. Pero debemos cerciorarnos de que la historia que proclamamos sea lo suficientemente amplia y profunda para ser cierta. El cristianismo es una relación amorosa con el Dios viviente, y la entrada son las historias de esa relación amorosa que se ha desarrollado a lo largo de todos estos siglos. Esto significa que debemos conocer la historia. Luego, debemos compartir nuestras historias para descubrir el aliento, la profundidad y la amplitud de la salvación. El tuétano de la evangelización es compartir historias. La gente quiere saber qué cambio significativo ha producido Jesús en nuestras vidas, y somos llamados a establecer la conexión entre nuestra historia, su historia y la historia del evangelio. Por lo tanto, la historia que contamos debe ser revisada y reformulada, y puesto que siempre estamos en proceso, es correcto que nuestra historia siempre esté siendo revisada. La historia de la Iglesia en 1970 no es su historia en 2019. ¿Cómo podemos tener una historia sin Gene Robinson o Katharine Jefferts Schori o Michael Curry? Debemos ampliar nuestra propia historia al conectarla con otros y sus historias. Tal esfuerzo no es sólo el medio para llegar a una historia real, sino también un medio de crecimiento.

Es difícil aceptar las historias de los demás en su totalidad, pero es un pecado no hacerlo, y un pecado ignorar nuestra propia tendencia a crear narrativas egoístas. Chimamanda Ngozi Adichie, escritora nigeriana, describe esto maravillosamente: «La historia individual crea estereotipos, y el problema con los estereotipos no es que sean falsos, sino incompletos. Hacen que una historia se convierta en la única historia».[14]

Además, debemos evitar llegar a captar alguna verdad trascendental en nuestras narrativas que esté desprovista de la urdimbre y la trama de nuestras vidas diarias. Si lo hacemos, viviremos en abstracciones o reduciremos el misterio cristiano a una pequeña historia que simplemente nos beneficia. Es hora de que reconozcamos lo egoístas que son muchas de nuestras historias compartidas y en su lugar las abramos escuchando otras voces.

La narrativa es importante para la construcción de la amada comunidad

La creación de la amada comunidad es una práctica espiritual de relación a través del esfuerzo sostenido de la voluntad, con ayuda de la gracia, para visualizar y crear una red de relaciones no competitivas basadas en una común devoción a Jesús. Una forma de comenzar esta práctica espiritual es escuchando y compartiendo historias, permitiendo que el decir la verdad desmantele la narrativa de la supremacía blanca que es una barrera para la construcción de la amada comunidad. No podemos negar que, con demasiada frecuencia, nuestras instituciones blancas han consentido la narrativa cultural más amplia de la supremacía blanca. Por consiguiente, convertirse en una amada comunidad exigirá una coalición comprometida y consciente de líderes fieles que comprendan plenamente los elementos históricos que han conducido a la supremacía blanca en los Estados Unidos. Las narraciones de la aflicción y la esperanza del pueblo de Dios en la Iglesia episcopal provienen no sólo de la Iglesia institucional, sino también de la vida cotidiana de las personas que las comparten. Estas historias ilustran vívidamente la interseccionalidad del racismo, el sexismo, la homofobia y la xenofobia, entre otros prejuicios.

Entender el importante papel que desempeña la narrativa para lograr un cambio positivo es fundamental, pero es de igual importancia reconocer las narrativas que ya existen dentro de nuestra cultura y el impacto negativo que esas narrativas tienen en nuestras vidas como Iglesia y como pueblo. Las narrativas se construyen. Un laberinto de significados organiza las complejas realidades en las que se encuentran los seres humanos. Las narrativas también inspiran una forma de vida en un mundo de otros seres humanos y formas de vida de criaturas.

Una infusión continua de razón a las narrativas compartidas hace que el sistema de significado parezca verdadero, duradero y beneficioso para toda la vida. Las narrativas cristianas, específicamente, confieren significado, brindan instrucción sobre cómo vivir y crean una cosmovisión y una forma de vida centrada en la encarnación, la vida, la muerte y la resurrección de Jesucristo.

En nuestro contexto actual, circulan importantes narrativas. Cada una de estas narrativas compite por captar la imaginación y la lealtad de los individuos y las comunidades. La enseñanza de los obispos de la Iglesia episcopal debe poner de manifiesto el Evangelio de la Palabra y los sacramentos entre estas diversas narrativas, de las que hay tres grandes contendientes.

La primera narrativa: el Estado-nación

Ya sea el lema «*Make America Great Again*» o el cántico «*Keep America Great*», las narrativas del Estado-nación están respaldadas por sistemas violentos y subtextos religiosos y seculares tóxicos. Estas narrativas no se limitan a los Estados Unidos, sino que se basan en los lazos de la ciudadanía e incluyen una visión imperial. La dominación reemplaza la autorrenuncia, y los rituales de violencia —en lugar de la reconciliación— se vuelven rutinarios. El poder coercitivo sobre una población complementa la postura agresiva de una nación contra otros estados nacionales. La nación existe como un ídolo dominante que exige que todas las demás divinidades sirvan a su expansión.

La segunda narrativa: la Iglesia nacional

Las narrativas de las Iglesias nacionales brotan y crecen dentro del espíritu del Estado nacional. Estas narrativas le garantizan a un pueblo especial las bendiciones de un gran país prometidas por Dios. Estas narrativas a menudo se han arraigado en la cultura del privilegio. Los dioses del Estado nacional bailan elegantemente con los ídolos de Mammón, sostenidos por los lazos de la religión nacional. La Palabra se sacrifica en aras de la adivinación y los sacramentos son deudores de la piedad de la época. Para invocar a Martin Luther King, Jr., las Iglesias nacionales «se contenta[n] con ser el termómetro que registra las ideas de la opinión popular» en lugar de servir como «el termostato que transform[a] las costumbres de la sociedad».[15]

La tercera narrativa: el bendito reino-pueblo

Estas narrativas las susurran, las cantan, las tamborilean, las lamentan y las cuentan personas que viven entre las categorías de los pobres en espíritu (Mateo 5:3) y los calumniados y perseguidos. (Mateo 5:11.) Las víctimas del Estado-nación y de la Iglesia nacional murmuran contra ellos. Estas historias están entrelazadas por vínculos de aflicción. Aquellos que cuentan estas historias de dolor y alegría, desesperación y esperanza, fractura y fe, llevan las marcas de la violencia sistémica y de la violación sistemática. Son los pobres, los marginados y los perdedores ante los ojos de los mundanos. Sin embargo, son los bienaventurados en la comunidad de Jesús. En palabras de Dietrich Bonhoeffer, «La comunión de las bienaventuranzas es la comunión del Crucificado».[16]

Muchas comunidades de tales bienaventurados del reino están conectadas con la Iglesia episcopal, algunas como clientes, otras como miembros. Entonces, la pregunta es: ¿cómo nosotros, como episcopalianos, decimos la Palabra y realizamos los sacramentos incorporando las narrativas que surgen de nuestra comunión con el Crucificado?

Las voces no escuchadas: cómo sacamos a la luz el pasado

Habiendo escuchado tres narrativas potentes, es útil ver cómo las historias de nuestro pasado como nación y como Iglesia pueden ayudarnos a acercarnos a la amada comunidad que buscamos construir. Por ejemplo, el musical de Broadway *Hamilton*, con su elenco multicultural y letras de *hip-hop*, plantea la cuestión de quién es dueño de la historia, quién se hace cargo de la narrativa. La brillante narración del creador del espectáculo, Lin-Manuel Miranda, y la asombrosa experiencia de escuchar esas historias contadas por artistas afroamericanos y latinos, cambia nuestra comprensión de quiénes somos, de dónde venimos y por qué nuestra nación es como es, y quizás nos inspire a ser mejores en el futuro.

El historiador británico del siglo XIX, Lord Acton, dijo célebremente: «La historia no es una carga para la memoria, sino una iluminación del alma».[17] Encontrar nuevas historias archivadas de personas cuyas experiencias han quedado fuera de las narrativas principales de la Iglesia episcopal nos libera de la carga del pasado al ayudarnos a comprender el pasado de manera más completa. Este proyecto nos llama a un enriquecimiento de la comprensión histórica y nos permitirá iluminar el alma de la Iglesia episcopal a través de un proceso que nos mueva hacia la amada comunidad.

Los archivos, tanto de la Iglesia episcopal en general como de las diócesis y parroquias de todo el país en particular, están llenos de historias que pueden cambiar nuestra comprensión de nosotros mismos como Iglesia. Estos archivos a menudo resultan ser un tesoro de lo que se ha dejado fuera de las narrativas predominantes. Si vamos a reconciliarnos con la amada comunidad, debemos escuchar estas historias del pasado que se han omitido del registro oficial, historias que dicen la verdad pero que nunca se han escuchado antes.

Estas no son narrativas históricas secas o material polvoriento en carpetas de archivos. Estas son historias vibrantes de personas reales: episcopalianos afroamericanos y otros episcopalianos de la diáspora africana, episcopalianos nativoamericanos, episcopalianos asioamericanos y episcopalianos latinoamericanos. Son historias de lo que hacían nuestras comunidades marginadas para ser miembros fieles del Cuerpo de Cristo. Son mucho más que almacenes de opresión.

Es más, además de escuchar estas historias, la Iglesia debe escuchar estas historias en las voces de quienes vivieron las experiencias relatadas en ellas. Debemos escuchar los cantos, el dolor y la esperanza como facetas legítimas del relato de la Iglesia, no como meras notas a pie de página de la «versión oficial» mayoritaria de lo sucedido. Cuando reducimos la historia de los demás a una sola historia, estereotipo o imagen solitaria del pasado, negamos la riqueza del patrimonio, la diversidad de la comunidad amada y la dignidad de todo ser humano cuya experiencia difiere de la experiencia mayoritaria.

En *Stony the Road: Reconstruction, White Supremacy, and the Rise of Jim Crow* [Pedregoso el camino: la supremacía blanca y el auge de la segregación Jim Crow], Henry Louis Gates, Jr. describe la apertura de la historia familiar a los afroamericanos, quienes se enteran del pasado de sus antepasados como esclavos, líderes militares, estadistas, héroes y heroínas de la historia. Los pueblos indígenas/nativos también están encontrando formas creativas de compartir sus historias sagradas con las nuevas generaciones, entendiendo que estas historias son la sangre vital de sus pueblos.[18] Se preguntan por qué ellos mismos nunca han escuchado estas historias, por qué la historia que les enseñaron en la escuela las filtró. La Iglesia no puede seguir siendo la ladrona de la memoria de los demás. Sólo al escuchar y contar las historias, y al reconocer el dolor y la parte de la Iglesia en él, podemos convertirnos en las personas que Dios nos llama a ser. Proponemos dos pasos:

Contar las historias: apropiarse sin miedo de las experiencias vividas al decir lo que sucedió a puerta cerrada. Compartir lo que se siente al ser excluido. Hablar abiertamente sobre quién estaba o no a la mesa y por qué se excluyeron las experiencias de algunas personas. Revelar la complejidad de las fuerzas que componen la vida de la Iglesia, incluidos la fe, la teología, el amor, la política, la ambición, el dinero y la clase.

Escuchar las historias: Ser conscientes de lo que la Iglesia no sabía o no quería escuchar. Revisar nuestra comprensión de lo que sucedió. Honrar las experiencias de los demás. Descubrir cómo Dios ha estado presente de maneras que no podíamos o no queríamos ver. Crecer en nuestras propias capacidades de reconciliarnos y ser reconciliados.

La experiencia indígena/de las primeras naciones/ nativoamericana en la Iglesia episcopal

Cuando se redactó la Carta Constitutiva de Jamestown en 1606, la Corona y el gobierno colonial que estableció ya hacía mucho consideraban a los que vivían en las tierras ahora conocidas como Virginia, en los actuales Estados Unidos, como salvajes e infieles, gente que no era en modo alguno igual a los que invadían sus costas. Desde el comienzo del contacto, la subyugación de las personas de las primeras naciones fue una empresa comercial y de bienes raíces en primer lugar, y una empresa religiosa en segundo lugar.

> Encomiamos grandemente y aceptamos graciosamente sus deseos de llevar a cabo una obra tan noble que, por la providencia de Dios Todopoderoso, de ahora en adelante, tenderá a la gloria de su divina Majestad en la propagación de la religión cristiana a tales personas, que aún viven en tinieblas y en una miserable ignorancia del verdadero conocimiento y adoración de Dios, y que a tiempo lleven a los infieles y salvajes que viven en esas partes a la civilidad humana y a un gobierno tranquilo y estable.[19]

A pesar de ser una gran sociedad de anfitriones hospitalarios que salvan vidas, la Confederación Powhatan fue tratada con sospecha y violencia absolutas apenas tres años después de salvar las vidas de urbanitas mal preparados que vinieron a fundar una colonia y la empresa de una plantación. «¿Por qué habrían de quitarnos por la fuerza lo que pueden obtener por amor? ¿Por qué habrían de destruirnos a nosotros, que les hemos dado de comer?»[20] Wahunsonacock o como los ingleses se refirieron a él, el rey Powhatan, en 1609, nombra la falta de respeto y la violencia que les tocaron en suerte por ser compasivos y misericordiosos frente a una gran necesidad. Estas mismas personas invasoras, que incluían a los progenitores de la Iglesia episcopal, no mostraron el amor de Cristo a aquellos a quienes fueron enviados a compartir ese mismo amor. Fue desde los primeros encuentros, que la gente de la Confederación

Powhatan mostró un mayor amor y creatividad divinos, mientras que los colonos reaccionaron con falta de respeto y violencia.

La narrativa persistente para los pueblos indígenas, de parte del Estado y la Iglesia, era que debían ser expulsados y transformados o destruidos. Robert Warrior (Osage) escribe, «por lo tanto, la narración nos dice que los cananeos tienen estatus sólo como el pueblo que Yahvé expulsa de la tierra para traer al pueblo elegido. No se puede confiar en ellos [...] son malvados, y su religión ha de ser evitada a toda costa [...] De esto depende la alianza de Yahvé».[21] La nueva empresa colonial, particularmente en las Américas, afirmó tanto la justicia de los invasores, que se convirtió en la piedra angular de la cultura estadounidense hasta el día de hoy.

En el momento de la Revolución estadounidense, muchos de los pueblos tribales de la costa oriental habían sido destruidos por el genocidio y la guerra biológica. Desde el principio, los recién llegados se enteraron de la rapidez con la que nuestros pueblos indígenas morían de enfermedades que no eran fatales para ellos. Todas las colonias originales habían prohibido todas y cada una de las tradiciones religiosas de las primeras naciones, con frecuencia imponiendo una sentencia de muerte para cualquier ofensor. La tolerancia religiosa, tan alabada en los libros de historia moderna como esencial para la cultura estadounidense, no tenía cabida cuando se trataba de los pueblos indígenas.

A lo largo del primer período misionero, de la expansión hacia el oeste y de los días del «espíritu de frontera», las personas de las primeras naciones fueron consideradas un problema. La supremacía blanca infundió las leyes de una nueva nación, que negaba cualquier tratado que se hubiera hecho entre la Corona británica y los pueblos indígenas, y expulsó a los pueblos indígenas de sus territorios ancestrales, fomentando la apropiación de tierras y la violencia en todas partes. La Iglesia y sus misioneros en algunos lugares intentaron ayudar al «indio deplorable», pero a menudo estaban demasiado vinculados con gobernadores territoriales y políticos ricos en Washington. A pesar de todo esto, muchos pueblos indígenas recibieron el Evangelio con alegría, y en muchas tribus han sido fieles durante generaciones.

En 1995, un grupo de episcopalianos indígenas tomó la decisión de empoderarse y decidir su propio destino. La Dra. Owanah Anderson (Choctaw), quien fuera por mucho tiempo funcionaria de personal a cargo del Ministerio Episcopal para los Nativos, escribe: «los reunidos provenientes de 22 tribus pusieron sus firmas en una Declaración de Autodeterminación que proclamaba "respetamos las tradiciones espirituales, los valores y las costumbres de nuestros muchos pueblos, y los incorporamos al celebrar el Evangelio de Jesucristo"».[22] Veinticinco años después de ese momento cumbre del ministerio indígena, hemos descubierto que, una y otra vez, la cultura de la Iglesia se inclina siempre hacia la supremacía blanca más que hacia la autodeterminación y las expresiones particulares de fe. En su prefacio a *400 Years: Anglican/ Episcopal Mission among American Indians* [400 años: la misión anglicana/episcopal entre los indios norteamericanos], Anderson escribió sobre «el legado del "colonialismo eclesial" durante el cual los misioneros denunciaron todos los aspectos de la espiritualidad nativa, y luego negaron a las comunidades nativas conversas la libertad de dar forma a sus propias Iglesias en respuesta al Evangelio». Concluye que «una declaración de autodeterminación ha sido una ardua trayectoria que se extiende por cuatrocientos años».[23] Desafortunadamente, en retrospectiva, y desde la perspectiva de un período pandémico, encontramos que ha habido pocos avances en el respeto de esa autodeterminación. Con demasiada frecuencia, la Iglesia ha hecho oídos sordos a las esperanzas y los sueños de los pueblos indígenas, rechazando sus muchos dones y deseando sólo uno o dos aportes simbólicos para mitigar cualquier culpa.

Para las primeras naciones, las historias son sagradas y el orador debería elegir el momento y el lugar para compartirlas. A menudo, cuando la Iglesia les ha pedido que cuenten «una» historia, lo que la Iglesia desea es una historia de consuelo y apoyo que esconda su dolor y aflicción bajo el tapete. Sin embargo, la Iglesia no puede comenzar a ser íntegra hasta que la verdad sobre el dolor y la aflicción sea contada y reconsiderada. Cuando la historia real se convierta en la nueva piedra angular de nuestra cultura común, entonces y sólo entonces podremos vivir y servir a Dios como un pueblo santo.

La experiencia asioamericana en la Iglesia episcopal

Habiendo definido la supremacía blanca, sus orígenes históricos y su existencia pecaminosa dentro de la Iglesia episcopal, seríamos negligentes si no señaláramos que la supremacía blanca ha adoptado muchas formas: con mayor virulencia en la forma de la antinegritud, pero también como un prejuicio arraigado contra los estadounidenses de origen asiático, los estadounidenses de las primeras naciones y muchos otros grupos étnicos.

En la historia de la Iglesia episcopal, por ejemplo, también se han descuidado las historias de los estadounidenses de origen asiático. La historia de la misión asiática en la Iglesia episcopal está marcada por la apatía y el silencio de la Iglesia frente a las políticas de inmigración antiasiáticas instituidas por el gobierno de los Estados Unidos desde la década de 1880 hasta la de 1940. Las primeras congregaciones episcopalianas asiáticas se fundaron en la Diócesis de Nevada en 1874. A través de los esfuerzos evangelizadores de un misionero laico chino llamado Ah Foo, la Misión China del Buen Pastor [Good Shepherd Chinese Mission] en Carson City y la Casa de Oración [House of Prayer] en la vecina Virginia City crecieron hasta incluir a varios cientos de trabajadores chinos. Desafortunadamente, a la Casa de Oración en Virginia City la destruyó un incendio en 1875 y, cuando el Congreso aprobó la Ley de Exclusión de Chinos en 1882, que excluía a los trabajadores inmigrantes chinos de la naturalización y la propiedad de la tierra, la misión del Buen Pastor no sobrevivió a la reacción violenta que vino con esta ley de inmigración y cerró.

A pesar de las políticas y los sentimientos antiasiáticos, la misión asiática en la Iglesia episcopal siguió echando raíces y a finales del siglo XIX se fundaron ocho nuevas congregaciones asiáticas —china, japonesa y coreana— en Hawái y en las diócesis de la costa oeste. Pero a medida que se promulgaron más políticas antiasiáticas entre 1910 y 1940, que culminaron con el internamiento de los estadounidenses de origen japonés en 1942, no se desarrollaron nuevas misiones asiáticas en la Iglesia episcopal, excepto un par de misiones en Oregón y Nebraska, que no se mantuvieron. La respuesta de la Iglesia blanca a la difícil situación de sus comunidades asiáticas fue un silencio apático, tanto en las diócesis locales como en la Iglesia episcopal a nivel nacional. A pesar de esto, los episcopalianos japoneses que tuvieron que dejar sus propias iglesias durante el internamiento finalmente regresaron y reconstruyeron sus iglesias, que permanecen abiertas hasta el día de hoy, y a raíz de la Ley de Inmigración y Nacionalidad de 1965, que abrió las puertas a nuevos inmigrantes de Asia, el sentimiento y la violencia antiasiáticos comenzaron a disminuir. Se establecieron muchas nuevas congregaciones asiáticas de diversos orígenes étnicos y culturales, y hoy en día hay más de ciento cuarenta iglesias asiáticas en la Iglesia episcopal.

La experiencia asioamericana en la Iglesia episcopal contiene historias de pesar y de esperanza, de muerte y de resurrección. Estas historias y experiencias atestiguan el espíritu resiliente y la gracia redentora de Dios en Jesucristo, quien no abandonó a los episcopalianos asioamericanos en sus esfuerzos misioneros en las trincheras de políticas y actos racistas. La Iglesia episcopal debe recobrar y escuchar las dolorosas historias y la aflicción de la experiencia asioamericana, no como una carga de culpa, sino como una luz que ilumina nuestro trayecto común hacia esa amada comunidad a la que son llamados todos los amados hijos de Dios.

Recursos para avanzar

Recuperar las historias de la cultura no elitista y no blanca en los Estados Unidos ha sido un proyecto histórico y de archivo que se arraiga en el movimiento de historia social de la década del setenta del pasado siglo. La captación de personas de color en la profesión de la historia, y en las profesiones humanísticas en su conjunto, ha introducido voces que preceden a los miembros blancos de la Iglesia episcopal, reacios al descubrimiento y la aceptación de su papel en la marginación de esas voces.

Al igual que otras instituciones establecidas, la Iglesia episcopal se ha beneficiado de una narrativa que, con pocas excepciones individuales, ignora los logros de los grupos culturales minoritarios y relega sus historias a un pasado lejano experimentado por generaciones de miembros no blancos de tiempo atrás. Por ejemplo, un breve estudio de la *Anglican and Episcopal History* [Historia anglicana y episcopal] durante los últimos veinte años muestra que se han publicado menos de veinte artículos importantes sobre las experiencias históricas de las personas de color; de los artículos que se han publicado, la mayoría se centra en el intento de la Iglesia de avenirse con la esclavitud.

Los historiadores dentro de la Iglesia episcopal, en su mayor parte, han intentado extender la narrativa del *statu quo* incorporando simplemente los relatos de miembros no blancos en lugar de buscar representantes dentro de esas comunidades. Esto es especialmente cierto en las historias parroquiales y diocesanas locales, pero también es evidente en décadas de conferencias de los cuerpos historiográficos de la Iglesia. Este enfoque histórico asimilacionista dominante en el siglo XX ha tardado en darse cuenta de que el racismo no es un vestigio histórico del pasado que debe estudiarse con indiferencia, sino un realineamiento continuo de significado ideológico y espiritual.

La profesión de la historia ha estado recientemente expuesta a las conversaciones en torno a lo que generalmente se denomina ideología y práctica de la supremacía blanca. Michele Caswell, de la Universidad de California en Los Ángeles (UCLA), en su trabajo sobre identificación y desmantelamiento de la supremacía blanca, ha logrado grandes avances en el descubrimiento de la complicidad histórica con la supremacía blanca practicada por historiadores y archiveros.[24] La obra de Caswell ha recibido una amplia exposición, incluso en el sitio web de la Biblioteca Beinecke de Yale, donde resalta la manera en que la supremacía blanca penetra las colecciones de Yale.

Nosotros, los miembros de la Iglesia episcopal, somos personas del libro, la historia y la parábola. En nuestra liturgia, escuchamos historias y aprendemos, y esa es una actividad sagrada. Escuchar las historias desconocidas durante mucho tiempo de nuestros hermanos episcopalianos es también una actividad sagrada. En palabras de la poeta Alma Luz Villanueva, «Lo sagrado no está en el cielo ni está lejos. Está a nuestro alrededor y los pequeños rituales humanos pueden conectarnos con su presencia. Y, por supuesto, el mayor desafío (y don) es ver lo sagrado en los demás».[25] Escuchar historias nos ayuda a crear una narrativa de eventos, una descripción de situaciones, un examen de motivos y un análisis del carácter para formar una imagen coherente de la verdad y contribuir a nuestro conocimiento de cómo Dios ha estado actuando en la historia a través de la experiencia del pueblo de Dios.

Notas

1. Juan de la Cruz, «Spiritual Sentences and Maxims», en *The Complete Works of Saint John of the Cross, Doctor of the Church.*, editado por E. Allison Peers (Londres: Burns Oates & Washbourne Ltd., 1934), 3:252-53.

2. Justino Mártir, «Primera apología», en *Documents of the Baptismal Liturgy*, editado por E. C. Whitaker, revisado y ampliado por Maxwell E. Johnson (Collegeville, MN: Liturgical Press, 2003), 3.

3. Cirilo de Jerusalén, «Mystagogical Catechesis», en *Documents of the Baptismal Liturgy*, editado por E. C. Whitaker, revisado y ampliado por Maxwell E. Johnson (Collegeville, MN: Liturgical Press, 2003), 31.

4. El Libro de Oración Común (Nueva York: Church Publishing Incorporated, 1979), 222-223.

5. Libro de Oración Común, 226-227.

6. Aidan Kavanagh, «Catechesis: Formation in Stages», en *The Baptismal Mystery and the Catechumenate*, editado por Michael W. Merriman (Nueva York: Church Hymnal Corporation, 1990), 39.

7. Agustín, «On the Day of Pentecost to the Infantes, on the Sacrament», Sermón 272, en *The Works of St. Augustine: A Translation for the 21st Century, Sermons*, Tercera parte, Vol. 7, editado por John E. Rotelle, traducción de Edmund Hill, (Hyde Park, NY: New City Press, 1993), 301.

8. Augustine, «On the Day of Pentecost».

9. «A Sermon Preached by the Most Reverend Michael B. Curry, [at] the Installation of the 27th Presiding Bishop of the Episcopal Church and Primate», 1 de noviembre de 2015, https://www.episcopalchurch.org/posts /michaelcurry/sermon-installation-27th-presiding-bishop.

10. Véase Nicholas M. Beasley, *Christian Ritual and the Creation of British Slave Societies, 1650-1780* (Athens: University of Georgia Press, 2009), 80, 99, 106-7.

11. Gardiner H. Shattuck, Jr., *Episcopalians and Race: Civil War to Civil Rights* (Lexington: University Press of Kentucky, 2000), 12-15, 105-6, 153-54; Stephen R. Haynes, *The Last Segregated Hour: The Memphis Kneel-Ins and the Campaign for Southern Church Desegregation* (Oxford: Oxford University Press, 2012), 11-17, 25, 31, 44-6.

12. Zora Neale Hurston, «Dust Tracks on a Road», en *Folklore, Memoirs, and Other Writings* (Nueva York: Literary Classics of the United States, 1995), 717.

13. Citado en Johann Baptist Metz, «A Short Apology of Narrative», en *Why Narrative? Readings in Narrative Theology*, editado por Stanley Hauerwas y L. Gregory Jones, 253. (Eugene, OR: Wipf & Stock, 1997), 253.

14. Chimamanda Ngozi Adichie, «The Danger of a Single Story», Charla TED, julio de 2009, https://www.ted.com/talks/chimamanda_ngozi _adichie_the_danger_of_a_single_story, consultado el 24 de marzo de 2022.

15. Martin Luther King Jr., «Letter from Birmingham Jail», *Atlantic Monthly*, «The Negro Is Your Brother», vol. 212, n.º 2 (agosto de 1963): 78-88.

16. Dietrich Bonhoeffer, *The Cost of Discipleship* (Nueva York: Touchstone, 1995), 114.

17. John E. E. Dalberg, Lord Acton, «Appendix I», en *Lectures on Modern History*, editado por John Neville Figgis y Reginald Vere Laurence (Londres: Macmillan, 1906), https://oll.libertyfund.org/title/figgis-lectures-on-modern-history.

18. Caroline YellowHorn, *Niipáitapiiyssin Life* (Brocket, AB: Medicine Trails Publishing, 2002) es un ejemplo escrito específicamente para que la juventud Blackfoot aprenda sus historias sagradas.

19. «The First Charter of Virginia; April 10, 1606». Avalon Project, https://avalon.law.yale.edu/17th_century/va01.asp.

20. Peter Nabakov, *Native American Testimony*, edición revisada (Nueva York: Penguin, 2000), 43.

21. Robert Warrior (Osage) en *Native and Christian: Indigenous Voices on Religious Identity in the United States and Canada*, editado por James Treat, (Nueva York: Routledge, 1992), 97.

22. Owanah Anderson, *400 Years: Anglican/Episcopal Mission among American Indians* (Cincinnati: Forward Movement, 1997), ix-x.

23. Anderson, *400 Years*.

24. Michelle Caswell, *Urgent Archives: Enacting Liberatory Memory Work*, (Abingdon, Reino Unido: Routledge Press, 2021).

25. Alma Luz Villanueva, «The Sacred Is Not Heaven or Far Away», *Friends of Silence*, vol. XXXII, n.º 5, mayo de 2019, https://friendsofsilence.net/quote/2019/05/sacred-not-heaven-or-far-away, consultado el 23 de marzo de 2022.

3

Reparaciones y la amada comunidad

Dios creador, tú has llamado a todos tus hijos,
invitándonos a ser renovados en tu amor,
en todas las estaciones, edades y tiempos.
Aceptamos con gratitud tu amor y bendición,
reconociendo el maltrato y el rechazo
que, como Iglesia, hemos infligido deliberadamente.
Buscamos tus fuentes restauradoras de la vida,
anhelando honrar a los que hemos herido
y reparar los sitios quebrantados.
Quédate con nosotros, Dios creador,
Padre, Hijo y Espíritu Santo,
amoroso, vivo y verdadero. Amén.

En la reunión del Comité de Teología de la Cámara de Obispos y Obispas en enero de 2021, el comité acordó por unanimidad trabajar en el tema de las reparaciones, que se ha convertido en el tema candente en la Iglesia y en la sociedad en general. Si bien ya se ha escrito mucho sobre las reparaciones en el entorno secular y académico, el comité se esfuerza por abordar el tema desde un punto de vista teológico. Esperamos que este capítulo sobre las reparaciones brinde una

---

Informe a la Cámara de Obispos y Obispas en su reunión en septiembre de 2021 base teológica importante y un marco para las conversaciones sobre reparaciones en la Cámara de Obispos y Obispas y en la Iglesia en general.

El trayecto hasta ahora

La 75.ª Convención General de 2006 aprobó tres resoluciones importantes que catalizaron el trabajo de reparación en la Iglesia episcopal. La Resolución A123, Esclavitud y reconciliación racial que definía la esclavitud como «un pecado y una traición fundamental de la humanidad de todas las personas implicadas», llamó a la Iglesia episcopal a «reconocer, disculparse y arrepentirse de su historia de participación en este pecado», instó a cada diócesis a recopilar y documentar la complicidad y los beneficios que la institución derivó de la esclavitud en sus comunidades locales, ordenó al Comité de Lucha contra el Racismo a que estudiara e informara al Consejo Ejecutivo sobre cómo la Iglesia puede ser «reparadora de la brecha» y le pidió al obispo presidente designar un Día de Arrepentimiento y celebrar un Oficio de Arrepentimiento en la Catedral Nacional, y que cada diócesis celebrara un oficio semejante[1]. Esta resolución se vio reforzada por la Resolución A127, Justicia reconstituyente que apoyaba los principios de la justicia reconstituyente como una herramienta importante para la vida bautismal, convocaba al Comité de Antirracismo del Consejo Ejecutivo para desarrollar recursos que hicieran participar a los episcopalianos en la narrativa de las desigualdades raciales y la justicia reconstituyente, invitaba a las diócesis a llevar a cabo sus procesos locales de verdad y reconciliación y articulaba la visión de «una Iglesia sin racismo, una Iglesia para todas las razas». La resolución C011, Responsabilidad de la Iglesia en las reparaciones, abordaba directamente las reparaciones al instar a la Iglesia en todos los niveles a pedir al Congreso y al pueblo estadounidense que apoyaran «propuestas de reparaciones monetarias y no monetarias para los descendientes de las víctimas de la esclavitud».[2] A partir de las decisiones de esta Convención, varias diócesis, a su vez, comenzaron a implementar estas resoluciones a través de sus comités locales contra el racismo o formando comités especiales sobre reparaciones. Hemos observado que las diócesis se encuentran en diferentes etapas de esta labor, algunas de las cuales han llevado a cabo una trayectoria consciente de estudios y han reservado recursos económicos para reparaciones; otras se encuentran en medio del proceso de aprendizaje y otras no han implementado estas resoluciones. Esperamos que la labor de este comité pueda inspirar y dinamizar el camino de las reparaciones en cada diócesis de la Iglesia episcopal.

Un imperativo teológico

El obispo presidente Michael Curry ha llamado a la Iglesia a reclamar su identidad como parte del Movimiento de Jesús. El Movimiento de Jesús, al que el obispo Curry ha llamado a los episcopalianos, necesita una respuesta proactiva a la demanda de reparaciones. Tomado Martin Luther King Jr., Curry lo describe como un movimiento hacia la «amada comunidad». Como se aclaró en nuestra presentación anterior, esta comunidad es profundamente inclusiva, equitativa y definida por el amor. Refleja el futuro de Dios, donde todos pueden disfrutar de la abundancia de vida que Dios ha prometido. Esto nos lleva a nuestra presentación actual sobre el imperativo teológico de las reparaciones. Para apreciar este imperativo, es importante decir algo sobre el discurso teológico en general.

La teología es el hablar de Dios. Pero no es Dios quien habla. Más bien, son los seres humanos los que hablan del significado de Dios en sus vidas. En este sentido, la teología no es una especulación abstracta, alejada de la vida humana y las luchas sociales. Como argumenta Anselmo, teólogo anglicano y arzobispo de Canterbury del siglo XI la teología es «la fe que busca el entendimiento», particularmente en contextos histórico-sociales.[3]

La fe es posible porque Dios ha actuado en la historia humana, iniciando así una relación con los seres humanos. La fe es la respuesta humana a la invitación de Dios a tener una relación con Dios. Esta es una relación definida no por doctrinas o dogmas sino por un compromiso y una labor. La fe refleja la determinación humana a asociarse con Dios para reparar una tierra injusta. En este sentido, las personas de fe son, por definición, responsables del futuro prometido por Dios. Básicamente, se ven obligadas a liderar el camino para reparar la brecha entre un presente injusto y un futuro justo. Esto nos lleva a las reparaciones.

Las reparaciones son una cuestión de fe. Reflejan los firmes empeños de la comunidad de fe de fomentar una «amada comunidad». Como tales, las comunidades de fe están obligadas a implementar un programa de reparaciones que no sólo mire hacia atrás, sino que decididamente avance hacia el futuro. Las reparaciones, por lo tanto, deben conllevar más que compensaciones o disculpas por daños pasados. Más bien, deben trazar un camino discernible hacia la amada comunidad. En definitiva, las comunidades de fe están esencialmente obligadas a sostener un programa de reparaciones que denuncien las realidades de un pasado pecaminoso y reconozcan su impacto y sus efectos en el presente, al tiempo que transforman los sistemas y estructuras presentes para construir un futuro equitativo y justo. Al final, las reparaciones son nada menos que un acto de arrepentimiento, pues implican mirar hacia atrás para volverse y hacer algo diferente. Las reparaciones son fundamentales al mismo Movimiento de Jesús al que hemos sido llamados, como vemos en el llamado que hace Jesús a «arrepentirse» a quienes han de seguirle (Mateo 4:17). Las reparaciones, por tanto, son para nosotros un imperativo teológico.

El llamado bautismal a las reparaciones

La visión de Dios para el pueblo de Dios es plenitud y paz, con toda la humanidad reunida en el ser de Dios. En nuestros bautismos, nos relacionamos con Dios en Cristo; también nos relacionamos unos con otros como el Cuerpo de Cristo. A medida que vivimos en esa relación, estamos llamados a examinarnos a nosotros mismos y a nuestra vida en común, para cerciorarnos de que nuestras vidas y conductas reflejen y fomenten esa unidad con Dios y nuestros semejantes. En algunos momentos, ese autoexamen nos llama a reconocer y arrepentirnos por aquellas partes de nuestra vida individual o nuestra vida colectiva que no cumplen con el llamado de Dios en Cristo.

Las fallas en nuestra vida común no son menos pecaminosas si no las hemos cometido individualmente: los pecados sistémicos son pecados reales y la complicidad es una forma de participación en ellos. La Convención General de 2006, en la Resolución A123, nombró la esclavitud como un pecado, reconoció la participación de la Iglesia episcopal en este pecado, expresó su pesar por la segregación (*de jure* y *de facto*), expresó su arrepentimiento y pidió un estudio de cómo la Iglesia podría «ser "reparadora de la brecha" (Isaías 58:12) tanto material como relacionalmente, y lograr la restauración espiritual y la reconciliación que nos llevarán a una nueva vida en Cristo». En su cita de Isaías, junto con el reconocimiento de la necesidad de reparación material, la resolución señalaba la necesidad de la Iglesia episcopal de reparar su participación voluntaria en la opresión de los afroamericanos a lo largo de la historia de la nación. Durante los últimos quince años, varias diócesis y congregaciones se han comprometido seriamente con el llamado de la resolución; ahora es hora de que la Iglesia episcopal en su conjunto lo asuma.

Este llamado a que la Iglesia haga reparaciones se basa en nuestro bautismo, respaldado por las Escrituras y fundamentado en nuestra tradición. El bautismo nos obliga a rechazar una forma de vida y abrazar otra, renunciando no sólo a nuestras transgresiones personales, sino también a todo tipo de complicidad con los males y poderes que trastornan el mundo y corrompen la creación. Tal como el obispo presidente Michael Curry lo expusiera en su discurso ante el Consejo Ejecutivo:

> El sacramento del bautismo es un compromiso de por vida inmerso en la realidad del Dios trino y que se atreve a vivir las enseñanzas y los caminos de Jesús de Nazaret. Es un compromiso a renunciar, a rechazar y a oponerse activamente en

nuestras vidas y en nuestro mundo a cualquier cosa que se rebele contra el Dios que la Biblia dice que es amor. Es un compromiso a renunciar a todo lo que intente separarnos del amor de Dios y de los demás. Es un compromiso a renunciar a todo lo que hiera o afecte a cualquier ser humano hijo de Dios o de esta creación.[4]

Los males a los que renunciamos no son sólo demonios espirituales, sino también poderes intangibles: esclavitud, segregación y formas más sutiles de racismo y de supremacía blanca. Desde las barreras de separación hasta la caracterización racial, estas representan males colectivos a los que los bautizados renuncian, hayan participado en ellos individualmente o no. Y en las adhesiones a Cristo, los bautizados abrazan una forma diferente, centrada en la reconciliación de los seres humanos entre sí y con Dios, una reconciliación que se expresa en nuestras Escrituras. Es este rechazo del mal y el asumir la reconciliación lo que encuentra expresión tangible en la reparación de la brecha provocada por generaciones de supremacía blanca.

Aquí y en demás instancias, hablamos del bautismo tal como se enuncia en la teología de la Iglesia episcopal. La práctica histórica no siempre ha estado a la altura de este modelo. El bautismo, en algunos momentos y lugares de la historia de la Iglesia, ha sido mal utilizado como herramienta de colonización. Algunos cristianos indígenas se vieron obligados a rechazar sus culturas en el bautismo, ya que la fe cristiana se fusionó con las culturas de Europa occidental.[5] Pero el bautismo, entendido correctamente, es un medio de gracia y un instrumento de liberación humana. Si a veces se ha utilizado de otra manera, es porque en la Iglesia «pueden errar y a veces han errado, aun en las cosas que son de Dios».[6]

La práctica pasada del bautismo por parte de la Iglesia a menudo ha sido un pobre reflejo de la teología bautismal. Volver a comprometernos con nuestra teología del bautismo nos ayuda a recuperar nuestra comprensión tanto del carácter sagrado de la diversa humanidad como de nuestra obligación de honrar a Cristo en el otro. Este entendimiento, a su vez, nos impulsa a reparar lo que está roto, es decir, a hacer reparaciones.

La teología del bautismo en el Libro de Oración Común de 1979

La teología del bautismo en el Libro de Oración de 1979 es clara y revolucionaria:

> El bautismo significa e imparte el amor de Dios, que restaura a las personas a la intención del Creador. Une a las personas con Cristo Redentor y las ubica dentro de la comunidad portadora de la redención, su Cuerpo. Es el sello en el Espíritu Santo de la nueva vida, presente y venidera. Desde el lado de la respuesta humana, el bautismo promulga y configura la entrada a la vida de la fe, la obediencia y la esperanza. Es el sacramento de la conversión, que expresa una nueva mentalidad, una redirección, el rechazo a la tiranía del pecado y el compromiso con la justicia. Es la inauguración de una vida renovada y liberada.[7]

El bautismo es un reclamo radical de nuestra identidad como amados de Dios. Así como el bautismo consiste en que Dios nos adopte en la familia, también consiste en que digamos no a un tipo de vida y sí a una relación que Dios ha querido que reconozcamos desde antes de que naciéramos. La identidad bautismal otorga una nueva libertad y ciudadanía en el reino de Dios que prevalece sobre todas las demás. No importa cuál sea tu color o tu etnia, o el vecindario en que te criaste, o cuál es tu herencia familiar, la pertenencia principal de la persona bautizada es a Dios.

Como consecuencia de esta nueva identidad y pertenencia, la gracia se despierta en nosotros y nos exige un cambio radical en el que estamos llamados a vivir. Por tanto, la práctica de la vida bautismal es morir diariamente a las sendas que no son de Dios. La vida bautismal requiere que tomemos decisiones para rechazar lo que no está de acuerdo con la vida de Cristo que hemos prometido llevar. Morimos a las viejas costumbres, a las viejas ideas, a las viejas creencias, y nos volvemos una y otra vez hacia Dios y hacia una vida en Cristo que libera nuestras almas en el aquí y ahora y promete liberación para todos los que se encuentran encadenados por el mal, la opresión, la corrupción o la tiranía.

En el rito bautismal nos comprometemos a unirnos a la misión de Dios de convertir el mundo en la amada comunidad, el lugar de bondad, justicia, misericordia, belleza, benevolencia y recuperación que Dios desea. Asumimos este compromiso en las renuncias y adhesiones cuando se presentan los candidatos al bautismo, y también en el Pacto Bautismal, ya que nuestras afirmaciones de fe en el Credo de los Apóstoles coinciden perfectamente con nuestras promesas de participar en la obra del Cuerpo de Cristo en el mundo. Y es en la comunidad de la Iglesia donde nos formamos, nos inspiramos, nos arrepentimos y donde crecemos constantemente a medida que usamos nuestros dones para esa recomposición. Por tanto, la formación en la vida cristiana es permanente. Ser formado en la vida bautismal no se trata sólo de aprender los caminos de Jesús, sino de desaprender los caminos del mundo que menoscaban a los amados de Dios. Sin embargo, habitualmente no estamos a la altura. En consecuencia, la reflexión y la «formación» para desmantelar el racismo sistémico son prácticas continuas de la vida bautizada. Las reparaciones, en particular, ofrecen un medio por el cual podemos apartarnos de las prácticas de explotación del mundo y asumir los caminos de Jesús.

La escritura, la tradición y las reparaciones

La discusión pública sobre las reparaciones en los Estados Unidos tiene sus raíces en la Iglesia. Como afirman Duke L. Kwon y Gregory Thompson en *Reparations: A Christian Call for Repentance and Repair* [Reparaciones: un llamado cristiano al arrepentimiento y la enmienda], la discusión sobre las reparaciones está «profundamente imbuida por nuestra formación en la tradición cristiana».[8] Las Escrituras se centran en la restauración, de hecho ordenan la compensación por varias faltas, y, según el Libro de Oración, la restauración es fundamental a la misión de la Iglesia.

El catecismo enseña que la misión de la Iglesia es «restaurar a tod[as las personas] a la unión con Dios y unas con otras en Cristo».[9] La restauración es el acto de devolver algo a su estado idóneo o anterior; puede incluir restaurar la salud de alguien o restaurarle a una persona algo de lo que se la ha privado previamente, o la devolución de algo perdido o robado. La restauración de las personas a la unidad con Dios y entre sí no es posible a menos que emprendamos las acciones necesarias para resarcir a los que han sido afectados o desposeídos, para devolverles a las personas lo que se les ha quitado, reparando el daño que se les ha infligido. Y debido a que «la Iglesia lleva a cabo su misión a través del ministerio de todos sus miembros», cada miembro de la Iglesia debe participar en la restauración a través de los ministerios de «justicia, paz y amor».[10] Por lo tanto, la Iglesia debe participar en el debate y el proceso de reparación como parte necesaria de su misión.

Las Escrituras señalan el camino para abordar la injusticia económica que ha surgido de la supremacía blanca. La demanda deuteronómica es de «justicia y solamente justicia» (Deuteronomio 16:20). La justicia tangible es en parte económica, como se establece en las demandas de remisión cada siete años, especialmente para los esclavos. Cuando los esclavos eran manumitidos, no debían ser enviados con las manos vacías, sino que debían ser provistos generosamente, dando así al esclavo parte de la generosidad con la que el Señor había bendecido previamente al amo (Deuteronomio 15:12-15). En el caso de un Jubileo, que tenía lugar una vez cada cincuenta años, el llamado a la justicia era aún más amplio: reparar la injusticia cometida a través de circunstancias tales como la venta de tierras, la necesidad de vender mano de obra en tiempos de aparente desesperación o la necesidad de depender de otra persona cuando alguien caía en desgracia (que se convertían en formas de servidumbre) y en esclavitud (Levítico 25). Abundan los ejemplos específicos de restauración en las Escrituras hebreas. En un caso, una mujer sunamita y su familia abandonaron su tierra durante tiempos difíciles, y a su regreso, su petición al rey fue que se les devolviera la tierra que les habían quitado. Cuando el rey escuchó su historia, restauró no sólo la tierra, sino todos los ingresos de la tierra desde el día en que ella se había ido hasta el día en que regresó (2 Reyes 8:1-6).

Pero la nación y sus líderes no siempre estuvieron a la altura de la demanda de justicia de la Torá, que era en gran medida económica, como dejaron en claro los profetas. El profeta Isaías denunció la codicia de la gente, que participaba ansiosamente del culto, señalando que servían a sus propios intereses y oprimían a sus obreros incluso en sus días de ayuno:

> Ese no es el ayuno que yo escogí:
>> ¿no es más bien romper las cadenas de injusticia,
> y desatar las correas del yugo,
>> poner en libertad a los oprimidos,
>> y romper toda atadura?
> ¿No es acaso [...] compartir tu pan con el hambriento,
>> y dar refugio a los pobres sin techo;
> vestir al desnudo,
>> y no dejar de lado a tus semejantes? (Isaías 58:3, 6-7)

El pueblo de Dios está llamado a corregir los males que se han cometido. Si lo hacen alimentando al hambriento y cuidando al afligido, quitando el yugo de la opresión, entonces serán conocidos como «reparadores de muros» (Isaías 58:12). Isaías no ofrece más que un ejemplo del llamado a la nación, transmitido una y otra vez por los profetas, a corregir los errores sistémicos que oprimían a los amados hijos de Dios.

La evasión es una respuesta completamente humana a ese llamado. El profeta Jeremías nos recuerda nuestra tendencia a clamar «paz, paz» cuando no hay paz y sí codicia humana por ganancias injustas (Jeremías 6:13-14). Evitar cualquier conversación sobre cómo podría ser la restauración para cristianos en términos económicos tangibles puede ser un intento —consciente o no— de perpetuar la ganancia injusta que ha sido el resultado de la supremacía blanca. Pero el camino del amor apunta a la necesidad de la restauración. El Gran Mandamiento (Mateo 22:36-40) nos llama a amar a Dios y a nuestro prójimo. Porque, como leemos en 1 Juan, «El que no ama, no conoce a Dios» (1 Juan 4:8). En un mundo en el que a los negros e indígenas se les ha negado la oportunidad económica mediante un empleo meritorio y la propiedad de una vivienda, la pregunta que los blancos deben hacerse es si querrían ser tratados de la misma manera.

La parábola del Juicio de las Naciones (Mateo 25:31-46) nos dice que cuando vemos a alguien hambriento o sediento, o a un forastero, o a un enfermo o a un preso, y cuidamos de ellos, realizamos actos de restauración que nos ponen no sólo en comunión unos con otros, sino también con Dios. En nuestro bautismo, prometemos ante Dios asumir estas responsabilidades. Los líderes del naciente movimiento cristiano al parecer entendieron que había una mejor manera de vivir que aferrarse a lo que poseían personalmente. Se nos dice que tenían todas las cosas en común y, como resultado, vendían sus posesiones y distribuían las ganancias a todos, según las necesidades de cada uno (Hechos 2:44-46). En su Segunda Carta a los Corintios, Pablo sugirió que aquellos que han sido bendecidos abundantemente deben compartir abundantemente. De hecho, es un don de Dios hacerlo (2 Corintios 9). Por el contrario, la Carta de Santiago se centra directamente en la responsabilidad y la obligación: si un hermano o hermana está desnudo y carece de alimento diario, ¿de qué sirve si no suplimos sus necesidades corporales (Santiago 2:15-17)? De manera similar, la Primera Epístola de Juan (3:17) pregunta cómo es posible que el amor de Dios permanezca en cualquiera que vea a un hermano [o hermana] necesitado y, sin embargo, rehúse ayudarlo.

Existe un precedente de reparaciones en el contexto norteamericano. La reparación por la esclavitud en los Estados Unidos se registró por primera vez en 1783, en una pensión otorgada a una mujer llamada Belinda, que había sido esclavizada por un tal Isaac Royall, un leal [a la Corona inglesa].[11] En los últimos años de la Guerra de Secesión estadounidense, el general William Tecumseh Sherman proporcionó cuarenta acres de tierra a exesclavos en Carolina del Sur, Georgia y Florida, aunque este intento de reparación por la esclavitud fue anulado por el presidente Andrew Johnson en 1866.[12] El gobierno de los Estados Unidos ha hecho reparaciones a los estadounidenses de origen japonés encarcelados durante la Segunda Guerra Mundial.[13] En el ámbito internacional, el gobierno alemán ha brindado reparaciones a las víctimas del Holocausto nazi y el gobierno cubano hizo reparaciones por la esclavitud.[14]

El movimiento moderno de reparaciones comenzó el 4 de mayo de 1969 cuando James Forman interrumpió el servicio dominical en la iglesia Riverside en la ciudad de Nueva York ante mil quinientos fieles, con la lectura de un manifiesto en el que pedía la donación de fondos de organismos religiosos blancos para la creación de un Southern Land Bank, una universidad negra en Misisipi, un centro de investigación y la creación de una convocatoria internacional para promover la creación de empresas cooperativas negras. Cuando esto fue rechazado, Forman se dirigió a la Iglesia episcopal y envió el «Manifiesto sobre reparaciones» al obispo presidente John Hines. La Convención General, reunida en sesión especial en South Bend, Indiana, en agosto de 1969, asignó $200 000 para iniciativas económicas negras, pero sus líderes se opusieron enérgicamente a la idea de que esto constituía una aceptación del concepto de «reparaciones».[15] La supremacía blanca descarriló el empeño de comprometerse más profundamente con el trabajo de reparación que debía hacerse. Como resultado, no hubo debates sobre reparaciones en la Iglesia episcopal en el ámbito denominacional hasta el siglo XXI.

Entonces, ¿por qué plantear la necesidad de reparaciones ahora? Es precisamente porque «este es el momento propicio» (2 Corintios 6:2). En muchos sentidos, la mejor respuesta es una especie de cronograma:

fallamos en hacer este trabajo antes y nunca es demasiado tarde para hacer lo correcto. Además, las pandemias entrelazadas de COVID-19 y la supremacía blanca nos han llevado a un punto en el que es aún más evidente que estamos inmersos en un país que se ha negado a enfrentar las realidades de nuestra historia. La Iglesia, en el mejor de los casos, tiene un papel moral en el discurso nacional. Si somos llamados a hablar claramente la Palabra de Dios a quienes están en posiciones de poder y autoridad, primero debemos decirnos la verdad a nosotros mismos.

Las renuncias y adhesiones bautismales proporcionan un marco teológico y litúrgico para que la Iglesia episcopal haga reparaciones por los males de la esclavitud, la segregación y la supremacía blanca como un paso hacia el perdón, la reconciliación y la edificación de la amada comunidad. En pocas palabras, si no asumimos la obligación de hacer reparaciones, de convertirnos en «reparadores de la brecha», entonces rechazamos nuestro deber como seguidores de Jesús de «restaurar a todas las personas a la unidad con Dios y de unos con otros en Cristo».

Notas

1. Convención General, *Journal of the General Convention of the Episcopal Church, Columbus, 2006* (Nueva York: Convención General, 2007), 664-65.

2. Convención General, *Journal*, 665-66; Convención General, *Journal*, 666.

3. St. Anselm, *Anselm of Canterbury: The Major Works*, editado por Brian Davies y G. R. Evans (Oxford: Oxford University Press, 1998), 83.

4. Michael Curry, «Toward Truth and Reconciliation», 25 de junio de 2021, http://www.episcopalchurch.org/publicaffairs/presiding-bishop-michael-currys-opening-remarks-for-executive-council-june-25-2021.

5. Véase, por ejemplo, William Sachs, *The Transformation of Anglicanism: From State Church to Global Communion* (Cambridge: Cambridge University Press, 1993), 233; Owanah Anderson, *400 Years: Anglican/Episcopal Mission among American Indians* (Cincinnati: Forward Movement Publications, 1997), 68, 111; Ian Breward, *A History of the Churches in Australia* (Oxford: Oxford University Press, 2001), 3, 41, 167; Elizabeth Isichei, *A History of Christianity in Africa: From Antiquity to the Present* (Grand Rapids, MI: Eerdmans, 1995), 93.

6. *El Libro de Oración Común: Administración de los Sacramentos y Otros Ritos y Ceremonias de la Iglesia*, Artículos de la religión, XXI, 764, https://www .episcopalchurch.org/wp-content/uploads/sites/2/2019/11/ellibro_deoracion _comun.pdf

7. Daniel B. Stevick, *Baptismal Moments; Baptismal Meanings* (Nueva York: The Church Hymnal Corporation, 1987), 3.

8. Duke L. Kwon y Gregory Thompson, *Reparations: A Christian Call for Repentance and Repair* (Grand Rapids, MI: Brazos Press, 2021), 18.

9. Libro de Oración Común, 747.

10. Libro de Oración Común, 747.

11. Roy E. Finkenbine, «Belinda's Petition: Reparations for Slavery in Revolutionary Massachusetts», *William and Mary Quarterly* 64 (2007): 95-104.

12. John Torpey, *Making Whole What Has Been Smashed: On Reparations Politics* (Cambridge, MA: Harvard University Press, 2006), 111; Special Field Orders 15, 16 de enero de 1865.

13. Civil Liberties Act of 1988, Pub. L. No. 100-383, 102 Stat. 903.

14. «Israel and Federal Republic of Germany Agreement (with Schedule, Annexes, Exchanges of Letters and Protocols). Signed at Luxembourg, on 10 September 1952», *United Nations Treaty Series*, vol. 162 (1953), 206-311; Ana Lucia Araujo, *Reparations for Slavery and the Slave Trade: A Transnational and Comparative History* (Londres: Bloomsbury, 2017).

15. Gardiner Shattuck, *Episcopalians and Race: Civil War to Civil Rights* (Lexington: University Press of Kentucky, 2003), 188-95.

4

La doctrina del descubrimiento y la amada comunidad

L as raíces de la reparación se encuentran en lo profundo y, con frecuencia, ocultas en el alma humana. El llamado a reparar, restaurar y renovar no surge únicamente de las injusticias de nuestros días; ha proyectado una larga sombra. Hablamos en términos temporales: de la larga historia de despojo, esclavitud, insensatez, indiferencia y crueldad. Pero también podríamos hablar en otros términos: de espacio, de geografía humana y cultural.[1] El llamado a la reparación es inextricable a ese esquema de identificar a la tierra como una mercancía: la división, conquista, acumulación y control de la tierra. Grabado en la vida y la historia de muchos pueblos, el nombre dado a este esquema terrible es la doctrina del descubrimiento. Aunque esta doctrina a menudo se considera una concepción decididamente secular de la tierra, en verdad sus orígenes se encuentran imbricados en la historia, la teología y la práctica de la Iglesia. Es el legado de la Iglesia universal, pues todas las comunidades cristianas han sometido a otras o han sido sometidas a sus términos. No obstante, la Iglesia occidental tiene una responsabilidad particular en la doctrina del descubrimiento, ya que formuló los ingredientes fundamentales de esa doctrina, le brindó legitimidad teológica y la arraigó en la interpretación bíblica de

---

Informe a la Cámara de Obispos y Obispas en su reunión en marzo 2022

la época. Capellanes, misioneros, catequistas y teólogos abrazaron esta doctrina como un todo interconectado.[2]

La Iglesia en todo el mundo y en todos sus cargos —cabeza y miembros— está atrapada en la doctrina del descubrimiento, a veces como los que se benefician, a veces como los que sufren bajo su látigo. Esta doctrina imperialista e impía es un legado fundacional que comprende a la vez una epistemología, una metafísica y un profundo dinamismo material. Es una forma de conocimiento, una representación de la realidad misma y un relato de la sociedad y su funcionamiento interno. Es una visión del mundo.[3] Esta cosmovisión dio impulso a la expansión colonial europea y a la misión cultural de la Iglesia. Durante siglos, las culturas europeas, aunque no sólo ellas, vivieron dentro de ese mundo, forjándolo, manteniéndolo y refinándolo, de modo que se convirtió en una telaraña para los que gobernaban y en un blindaje para los gobernados. Es una forma particular de casta,[4] en la que la pureza y la profanación constituyen una entidad extensa[5], un objeto situado y prolongado en el espacio.

Para el mundo occidental, la doctrina del descubrimiento echó raíces en lo que los historiadores han llamado la Era del Descubrimiento, los siglos XV y XVI de la expansión europea. Fundamental para esta explicación de la expansión colonial es la noción de que otros territorios y pueblos son espacios vacíos para ser explotados. El espacio está abierto para que los marineros, exploradores, comerciantes y sus capellanes lo descubran, lo posean y lo reclamen como propio. Monarcas y prelados dieron permiso tanto legal como sacro a esta empresa. ¡Ciertamente, estos exploradores sabían que se encontraban con otros pueblos en sus viajes! Los manuscritos están llenos de dibujos de esos pueblos, sus viviendas, sus hábitos y su vestimenta. Y los registros muestran el debate entre los europeos sobre la condición de criaturas de estos seres: ¿Son humanos? ¿Deberían ser catequizados y bautizados? ¿Son peligrosos para los objetivos europeos?

Pero un axioma de la doctrina del descubrimiento es la convicción, tanto intelectual como espiritual, de que estos seres humanos no cuentan. Ellos son, en las inquietantes palabras de Ralph Ellison, el «hombre invisible».[6] No es necesario negociar con ellos, o hacer solicitudes de ingreso o reconocer o respetar la cultura, las costumbres y la organización social de estos pueblos. La tierra está vacía, desnuda para los descubridores, y los seres humanos que allí se encuentran se mercantilizan como mano de obra. La labor en las minas; la recolección de madera; la fundición de metales preciosos para la exportación; el cultivo y la cosecha de la caña de azúcar, el algodón y el café para consumo europeo: estas personas invisibles se convirtieron en ingredientes del sistema mundial de conquista de la tierra. Las jerarquías y la geografía controlada de la doctrina del descubrimiento se encuentran en la explotación, la expulsión y el despojo cultural de los pueblos indígenas de América. Eso es la historia. Desde los días de los babilonios y los asirios, los imperios han hecho esto; no es un pecado humano novedoso. Los cristianos deben aprender esta verdad y enfrentarse a ella.

La Era del Descubrimiento en la temprana Europa moderna reclamó el mundo entero en formas novedosas. Esta «economía del espacio» sin Dios desarrolló nociones de raza que nos obsesionan y controlan hasta el día de hoy. Se identificó y se proclamó como un empeño cristiano. También perfeccionó una forma de organización social que Antonio Gramsci llamó «subalterna», término tomado de la clasificación militar colonial.[7] Gramsci vio en la geografía imperial la creación de una clase de súbditos indígenas que eran a la vez controlados, invisibles e inferiores, pero utilizados como marionetas para las agendas coloniales. La educación, la formación y la experiencia profesional de los pueblos sometidos y subdivididos se integraron en el espacio secular del descubrimiento y el imperio.[8]

La mentira esencial perpetuada por la doctrina del descubrimiento es que algunos humanos son inferiores a otros. Tal visión del mundo ha influido en las políticas, la jurisprudencia, las estrategias y más, al servicio de la expansión colonial. Hoy, la tarea teológica es corregir esta visión del mundo insidiosa e impía que se ha envuelto en un ropaje religioso. Debemos aprender genuinamente a vernos como iguales y compañeros de viaje en este planeta, incluso a través de nuestras diferencias. Sin una profunda reparación espiritual en nuestra cosmovisión, los ajustes en el comportamiento, la política y otras expresiones de arrepentimiento no nos ayudarán a construir una amada comunidad sostenible.

La doctrina cristiana de la reparación plantea un agudo contraste con las políticas y conductas anteriores tanto de la Iglesia como del Estado. Ofrece una visión del Dios santo y misericordioso, una geografía sagrada, un juicio y una renovación de toda la tierra como tierra santa, como propiedad de Dios. En la geografía sagrada, los seres humanos se presentan ante Dios como portadores de una imagen. Se pertenecen unos a otros como miembros de un sólo Cuerpo, es decir, de Cristo, y están relacionados y dependen de esta tierra santa. La tierra que habitan ha sido creada *ex nihilo* por la Palabra imperiosa y pertenece por todo derecho a su Creador. Este Dios santo mora en el mundo como en el Templo, llenándolo de Gloria divina, e impartiendo enseñanzas que formaron al pueblo de Israel en el trato justo, en la incorporación del extranjero residente, en la restauración de lo robado, en la renovación de lo profanado, en honrar a los muertos y en proteger a los vivos, muy especialmente a la viuda, al huérfano y al pobre. Este mismo Dios santo mora en el cosmos en el Hijo Eterno, encarnado en lo humano, caminando sobre la tierra de Dios como defensor, maestro, sanador y sobre todo como *Goel*, el redentor de Israel. Aquellos que son atraídos a este reino justo habitan una geografía sagrada que invierte, defiende y renueva la geografía caída. Se abren los ojos de los ciegos y se destapan los oídos de los sordos. Un nuevo conocimiento y una nueva realidad se propagan entre los llamados por el Hijo del Hombre.

Los discípulos de Jesucristo son llamados por el Señor Resucitado a participar en la construcción de este reino, a restaurar y reparar y alimentar y albergar, a escuchar y unirse a las personas oprimidas y quebrantadas de corazón. Para los seguidores de Jesús, esta es una nueva doctrina a abrazar: una visión escrita en el corazón, en las estructuras del mundo caído que han habitado, construido y adquirido, y que ahora les da la fuerza para desmantelarlo. En los Estados Unidos, la reparación abordará el robo de la tierra, el trabajo y la dignidad, muy especialmente para aquellos que alguna vez fueron esclavizados y que incluso ahora son segregados. La mera reparación material no cumplirá con el llamado de nuestro Redentor. Más bien, los cristianos deben vivir como los que están unidos en un «único tejido de destino», como lo expresó Martin Luther King, Jr., como parientes unos de otros, habitando esta buena tierra como aquellos que no pueden prescindir unos de otros, buscando el bienestar del otro por encima del propio. Este es el llamado de gracia y el mandato de nuestro Salvador Jesucristo. El llamado es urgente; el momento es ahora.

Notas

1. A menudo, la casta y la historia de la esclavitud se han considerado movimientos distintos —y pecaminosos— de la organización social de la tierra. Pero los teóricos recientes de la raza han subrayado cómo la tierra, y la estructura de los espacios naturales y culturales, expresan y generan jerarquías raciales y de género. La restricción de los judíos en algunos reinos europeos a ciertos barrios de una ciudad (en italiano medieval, un «gueto»), o de las mujeres a ciertas estructuras en un pueblo (el interior de las casas o lejos de las plazas públicas), o la práctica moderna de viviendas discriminatorias («líneas rojas» trazadas por banqueros alrededor de ciertas barriadas que deben seguir siendo espacios para blancos) muestran la espacialización de la diferencia humana. Para un análisis de este tipo, véanse Willie James Jennings, *The Christian Imagination* (New Haven, CT: Yale University Press, 2010); Jay Kameron Carter, *Race: A Theological Account* (Nueva York: Oxford University Press, 2008); editado por Ghazi-Walid Falah y Carol Nagel, *Geographies of Muslim Women: Gender, Religion, and Space* (Nueva York: Guilford Press, 2005); Robert Warrior (Osage), «Canaanites, Cowboys and Indians», y William Baldridge (Cherokee), «Reclaiming our Histories», en *Native and Christian*, editado por James Treat (Nueva York: Routledge, 1996); o en un sentido arquitectónico, véase Carl Schorske, *Fin-de-Siècle Vienna: Politics and Culture* (Nueva York: Alfred A. Knopf Press, 1979).

2. Para documentos relacionados con la historia de la doctrina del descubrimiento, consulte las siguientes compilaciones en Internet: «Papal Bulls»,

Doctrine of Discovery Project, https://doctrineofdiscovery.org/papal-bulls/; John Chaffee, «Episcopal Church Repudiates the Doctrine of Discovery» (2009), Doctrine of Discovery Project, https://doctrineofdiscovery.org /episcopal-church-repudiates-the-doctrine-of-discovery/; «The First Charter of Virginia; April 10, 1606», The Avalon Project, Universidad de Yale, https:// avalon.law.yale.edu/17th_century/va01.asp.

3. «Cosmovisión» traduce el término alemán, «Weltanschauung». Sus orígenes se remontan a la Ilustración alemana y a la filosofía romántica de escritores como Johann Gottfried Herder, Immanuel Kant, Georg Hegel y Wilhelm Dilthey. El nacionalismo y los conceptos de identidad nacional de un pueblo (un «Volk»), su suelo, sus clasificaciones étnicas y raciales y su práctica espiritual son todos ingredientes de este término alemán. Para un análisis, véase Peter Gay, *Weimar Culture: The Outsider as Insider* (Nueva York: W.W. Norton, 1968); Hans Georg Gadamer, *Truth and Method*, 2.ª ed., traducción de Joel Weinsheimer y Donald Marshall (Londres: Bloomsbury Academic, 2013); Cornel West, *Prophesy Deliverance! An Afro-American Revolutionary Christianity* (Louisville, KY: Westminster John Knox Press, 1982).

4. La prominencia de la casta como una forma de jerarquía social y espacial ha sido objeto de un estudio intensivo centrado originalmente en la presencia británica colonial y poscolonial en la India. Ha sido tratada como el fundamento de la fascinación europea con, y el temor hacia, sus súbditos coloniales. El trabajo de Edward Said, *Orientalism* (Nueva York: Vintage Press, 1979), es un ejemplo clásico. La compleja relación de George Orwell con el tiempo que pasó en la India colonial (traducida en la novela a Birmania) sigue siendo muy convincente: George Orwell, *Burmese Days* (Nueva York: Harcourt, 1934). La casta también ha recibido una interpretación estructuralista: véase Mary Douglas, *Purity and Danger* (Londres: Routledge, 2002); Claude Lévi-Strauss, *Totemism*, trad. de Rodney Needham (Boston: Beacon Press, 2016). Recientemente se ha comparado con la jerarquía racial en los Estados Unidos: Isabel Wilkerson, *Caste: The Origin of Our Discontents* (Nueva York: Random House, 2020); y con el pecado y la xenofobia: Peniel Rajkumar, *Dalit Theology and Dalit Liberation: Paradigms, Practice and Possibilities* (Nueva York: Routledge, 2016).

5. El término latino usado por René Descartes para redefinir la categoría central de la metafísica ática: «substancia». Al ver los objetos como «materia

extensa», Descartes homogeneizó todas las realidades materiales o físicas. Todo lo que está fuera de la mente (el «Cogito») es simplemente extensión: ocupa espacio. Véase René Descartes, «Meditations on First Philosophy», en *Philosophical Works of Descartes*, traducido y editado por Elizabeth Haldane y G. R. T. Ross, 2 vols. (Cambridge: Cambridge University Press, 1978).

6. Ralph Ellison, *Invisible Man* (Nueva York: Modern Library, 1994).

7. El uso que hacía Gramsci de dicho término reflejaba su convicción de que las personas que ocupaban puestos administrativos en un imperio eran parte de una compleja jerarquía que hacía que ciertas personas sometidas fueran colaboradoras de los poderes imperiales. De ese modo, los individuos son subalternos, pero lo son porque existe una estructura completa diseñada para colocar a ciertos miembros de un grupo gobernado en una burocracia que compromete su autonomía y su subjetividad. Por lo tanto, al menos para Gramsci, «subalterno» se refiere tanto a la estructura como a los individuos apostados en ella.

8. Para este concepto complejo en Gramsci ver: Antonio Gramsci, *Prison Notebooks*, traducción de Joseph Buttigieg, 3 vols. (Nueva York: Columbia University Press, 2011); Stephen Morton, *Gayatri Spivak: Ethics, Subalternity and the Critique of Postcolonial Reason* (Cambridge: Polity, 2007). Frantz Fanon desarrolla temas paralelos en clave psicoanalítica. Véase Frantz Fanon, *The Wretched of the Earth,* traducción de Richard Philcox (Nueva York: Grove Press, 2005); Franz Fannon, *Black Skin, White Masks,* edición revisada, traducción de, Richard Philcox (Nueva York: Grove Press, 2008).

Conclusión

En el monte Tabor la Voz Celestial declara al Cristo transfigurado «Hijo Amado»; a los discípulos se les da un mandato: «¡Escúchenlo!». Este documento es un intento, más allá de cualquier palabrería, de escuchar a Jesucristo, el Salvador. Es un intento, un comienzo: no se puede decir aquí todo lo que debe decirse y ha de aprenderse mediante la prueba y la obediencia continua. Pero es un intento de escuchar. La voz de mando del Redentor nos dirige, como bautizados, y como Iglesia, a entrar por el camino angosto y por la puerta estrecha, a perder la vida para encontrar el camino de Jesús, y a amar como Él nos amó; no hay mayor amor que este.

Escuchar así, atentos a una Voz que despierta y dirige, es recibir oídos para escucharlo. Es despertar del sueño, porque la noche ya pasó; es resucitar a la vida nueva de la obediencia y de la confianza. La Iglesia habla de esa nueva creación como «conversión» y el Espíritu del Cristo Resucitado nos llama a una constante conversión, dándonos un corazón limpio y renovando un espíritu recto en nosotros. La vida convertida ve la blanquitud por lo que es: una larga y enmarañada historia de privilegios impuestos por los cuales un grupo establece y recibe por nacimiento un dominio sobre la riqueza, la influencia cultural y la pertenencia, y por la cual los no blancos son excluidos o caracterizados como inferiores. Escuchar el llamado de Cristo a la santidad es tomar en serio lo que significa la «supremacía blanca» en las tierras colonizadas por los europeos: una sistemática e implacable —y, para los privilegiados, invisible— clasificación en la que los llamados blancos forman el centro e ideal de la sociedad. Tal racismo sistémico llegó a las costas de este continente en los barcos de comerciantes, soldados y aventureros, capellanes y misioneros y colonos de muchas condiciones sociales. La doctrina del descubrimiento es el nombre que ahora le damos a una forma particular de colonialismo racial, arraigado en la historia de las potencias europeas, que se expande a través de los océanos para reclamar, poseer y dividir tierras consideradas vacías, que habitan pueblos que no necesitan ser consultados, respetados o preservados en vida y salud por los invasores. La historia de la esclavitud, la segregación y la xenofobia no es un proceso al margen de la historia del despojo, la erradicación cultural y el genocidio de los nativoamericanos: constituyen la misma historia, el mismo sistema racializado, que se expresa contra diferentes pueblos y los une en el amplio arco del dominio europeo blanco sobre los colonizados. De cara a estas fuerzas de muerte, el Señor Cristo nos llama como a los cuatro días en el sepulcro: ¡Salgan de ahí!

Es fácil imaginar que este llamado a la conversión implica una denuncia de los líderes del pasado, o del presente, como malvados y sus motivaciones contaminadas por la codicia y la autopromoción cínica. Por supuesto que la historia de este país y de cada colonia e imperio incluye una estela de violencia y de fanatismo, de crueldad manifiesta. Pero la conversión a la que Cristo nos llama hasta el día de hoy no exige una denuncia tan amplia de las intenciones de nuestros antepasados o contemporáneos. Más bien, Cristo nos manda a examinar y rechazar un sistema, un mecanismo en el que la blanquitud posee el dominio cultural y los bienes que esta cultura produce y que excluye al resto. Que tal privilegio y exclusión es compatible con las buenas intenciones, acaso particularmente con ellas, es la perspicacia del Dr. King para quien el «silencio de la Iglesia liberal» dice mucho.

Convertirse a esta verdad es vivir la propia vida según la revolución que el Redentor proclama e inicia. Los primeros serán los últimos; los últimos, los primeros. La conversión es un desmantelamiento de la estructura del privilegio, un movimiento constante, claro e incesante hacia la amada comunidad en la que la blanquitud se convierte simplemente en un color, un color ordinario entre todos los demás. Howard Thurman y Josiah Royce nos dicen que esta obra de justicia no es un paso pequeño. La amada comunidad no se construye a partir de un intento piadoso de ver «más allá de la raza», o de incluir diversas voces en una sola y amplia narrativa sobre la nación y su fundación, familiar e inquebrantable en sus constituyentes blancos tradicionales. Más bien, la conversión cristiana a la amada comunidad puede ser reconocida por su carácter radical, tamizando y volviendo a tamizar el suelo de privilegio y casta, diagnosticando nuevos disfraces de jerarquías racializadas, actuando en solidaridad con los pobres y oprimidos. Es de por vida, un morir y resucitar interior y exteriormente en Cristo, confesarse, arrepentirse, testificar de la justicia exigida por el Dios Santo.

Para los episcopalianos, esta vida radical se representa en los sacramentos de la Iglesia. El bautismo inaugura la vida en la amada comunidad, acto singular de incorporación y de perdón que pone la gracia y la santidad en el centro de la vida cristiana. Se renuncia a las fuerzas del mal y se afirma públicamente a Cristo como Señor y Salvador. Pero el bautismo es también para toda la vida. En cada renovación de nuestro bautismo, los cristianos se hacen eco, pero no repiten estas renuncias y adhesiones. Nos comprometemos, bajo la guía misericordiosa de Dios, a la resistencia al mal, a la persistencia en la oración y a la comunión eucarística, a un profundo respeto por la dignidad y la prosperidad humanas. Esta es la nueva creación, dada una vez para todos y renovada, día a día, en la obediencia a Cristo. El sacramento de la madurez cristiana, la eucaristía, nos sostiene en nuestra muerte a la injusticia y el pecado y en nuestra resurrección a la vida del reino de Dios.

Las reparaciones son signo y prenda de la vida sacramental cristiana. La obediencia a la voz de mando de Cristo implica el ofrecimiento de toda la vida, de los bienes materiales y espirituales, al Santo Dios, para recibirlos nuevamente renovados y remodelados para la obra de la justicia. Cristo viene a morar en nuestra casa este día y, al igual que el jefe de los publicanos de antaño, la salvación que llega a nuestra casa suscita la conversión y la confesión de los privilegiados: «voy a dar a los pobres la mitad de mis bienes», dice Zaqueo, «y, si en algo he defraudado a alguien, le devolveré cuatro veces la cantidad que sea» (Lucas 19:8). La reparación, en sus múltiples formas, simplemente comienza esta tarea de toda la vida de restaurar lo que ha sido robado y construir de nuevo lo que ha sido destrozado, para que la salvación, la integridad y la justicia lleguen a los hijos de Abraham. Las historias de estos actos de restauración y de decir la verdad pertenecen a la historia de la resistencia cristiana al racismo. También apuntan a la historia, a menudo inadvertida, de la amada comunidad, que trasciende todas las comunidades de fe particulares, atrayendo a una sola comunión a todos los que han apostado todo por el poder del amor sobre el odio. Ellos son parte de los bautizados, en cuanto oyen la voz de Cristo y la obedecen como el heraldo de la amada comunidad. Pero debido a que esa comunidad no es tanto una extensión de la Iglesia como su juez, el supremo desafío de la reparación puede ser precisamente este: subordinarnos a esa comunidad, como sus servidores. Oramos para que este documento pueda, en alguna medida, contribuir a ello.

1

Una muestra de proyectos de reparaciones en la Iglesia episcopal

Los modelos que figuran en este apéndice no representan de ninguna manera una lista completa de los proyectos en desarrollo a través de la Iglesia. Dadas las limitaciones de tiempo y capacidad del comité, solo intentan ofrecer algunos ejemplos de cómo se está iniciando y desarrollando este trabajo a través de las organizaciones y diócesis de la Iglesia episcopal.

La confluencia de acontecimientos en la sociedad ha dado un nuevo impulso a la labor de reparación, la que ha entrado en una nueva fase, una nueva iteración de la labor de justicia, en especial frente a los envalentonados proyectos de supremacía blanca. Hay muchas historias sorprendentes de reparaciones en muchas diócesis y comunidades locales que merecen ser contadas y escuchadas. Por lo tanto, el comité espera con sinceridad que dichas historias sean recopiladas por una oficina apropiada del Centro de la Iglesia episcopal.

La tarea de reparación en el Centro Absalom Jones para la Curación Racial

Entrevista con la Dra. Catherine Meeks, directora ejecutiva del Centro Absalom Jones para la Curación Racial, Atlanta, Georgia[1]

La Dra. Meeks sabe que el trabajo de reparación es un proyecto integral. No se trata sólo de una compensación financiera, sino de educación y compromiso con la tarea de cambiar los sistemas. El simple intercambio monetario no repara la brecha, aunque forma parte de los programas de reparación. Este proceso de reparación de la brecha debe abordar la destrucción sistémica de la vida de las personas. Se trata de hacer de la comunidad un todo y de abordar las condiciones de vida, en especial aquellas que impactan en los niños: buenos sistemas educativos, acceso a comida y agua, viviendas adecuadas y atención médica.

El centro ha venido haciendo esta labor durante un tiempo y ahora se está enfocando más directamente en el trabajo de reparación, en el llamado a reparar la brecha. Los recursos y programas que ofrece el centro son amplios, no sólo para abordar los problemas sistémicos que afectan a las comunidades de múltiples maneras, sino también para identificar y trabajar contra las fuerzas opresivas que afectan a todos los grupos oprimidos, en particular a las comunidades raciales/étnicas que por lo general son descritas como personas de color en los Estados Unidos: negros, indígenas, asiáticos y latinos/hispanos.

Cada programa de capacitación dirigido a desmantelar el racismo comienza con la Santa Eucaristía, al cimentar la tarea de curación en la mesa alrededor de la cual se reúne la familia de Dios. En el Pacto Bautismal nos comprometemos a trabajar por la paz y la justicia y a respetar la dignidad de todo ser humano. El mandato de Dios es claro, en el evangelio de la reconciliación reconocemos que todos cometemos errores y la tarea de nuestras vidas es arrepentirnos con humildad al despertar a esa verdad y empezar de nuevo. Este arrepentimiento y esta renovación mediante los cuales entregamos nuestro corazón a Dios, nos llevan a buscar la guía de Dios por el resto de nuestros días. Nuestras prácticas espirituales, dice Meeks, nos ayudan a hacer Su voluntad, «discerniendo en el camino tan fielmente como podamos hasta el día de nuestra muerte». Nos resistimos a aceptar los poderes y principados, la «mundanidad», y nos arrepentimos de casarnos con la cultura.

La tarea de reparación puede ser vista como una labor de politólogos, sociólogos y economistas, pero «estamos llamados a ir mucho más allá». Nuestra labor continua de resistencia ante la opresión es la tarea de reparación, y estamos llamados a ello en todo momento y en todo lugar. Es un enfoque integral de las reparaciones y lo hacemos utilizando todas las herramientas disponibles para lograr que el mensaje sea escuchado, como por ejemplo a través de las artes.

El Centro para la Curación Racial es un espacio alterado, donde se reconoce que hay quebrantamiento y Dios trae la transformación. Luego, comprometidos con esta transformación, dejamos este espacio y salimos al mundo a abordar los sistemas de opresión, comenzando por la Iglesia. La Iglesia está enamorada de las estructuras racistas y necesitamos «desestabilizar, interrogar y hacer cambios que conduzcan a un sistema equitativo», vivir el llamado de Jesús a liberarnos a nosotros mismos y a los demás. Como Iglesia, lo hacemos tanto individual como comunitariamente.

«Todos nos hemos equivocado». Vivimos en gracia y gratitud por nuestro crecimiento diario en el amor y la aceptación de Dios. El evangelismo y las enseñanzas radican en salir y compartir con otros lo que hemos recibido y estamos recibiendo.

La tarea de reparación en el Seminario Teológico de Virginia

Entrevista con el reverendo Joseph Thompson, PhD, director de Ministerios Multiculturales y profesor adjunto de Estudios sobre Raza y Etnicidad[2]

El programa de reparación del Seminario Teológico de Virginia (VTS, por sus siglas en inglés) está avocado a reparar su legado de racismo antinegro que resultó en su participación en la trata de esclavos de la cual se benefició. Esta opresión siempre ha sido una violación evidente de los preceptos bíblicos y es una vivencia de las renuncias, el arrepentimiento y la enmienda de vida que vivimos como personas y comunidades bautizadas.

Esta tarea es una continuación de la labor de justicia de las personas negras en la Iglesia episcopal y puede observarse en el trabajo continuo de la Unión de Episcopales Negros, la Convocatoria del Clero de Color y de todos los otros grupos que la precedieron. Siempre han abogado por que la Iglesia viva en sus creencias y que amplíe sus nociones de catolicidad, mirando con honestidad la historia de las personas de raza negra en los Estados Unidos.

Teniendo en cuenta su labor, las resoluciones de la Convención General de 2006 marcan un punto de inflexión. Llevaron al decano Markham a redactar una disculpa por la participación del VTS en la institución de la esclavitud y la segregación racial e invitan a preguntarse: «Y ahora que se ha pedido perdón, ¿qué?». El arrepentimiento debe llevar a una enmienda de vida. El seminario ya había creado una Oficina de Ministerio Multicultural, con Joseph Constant como director, como parte de su nueva acreditación ante la Asociación de Escuelas de Teología (ATS, por sus siglas en inglés). Se crearon talleres de competencia intercultural, y el texto *No Turning Back: The Black Presence at Virginia Theological Seminary* [Sin vuelta atrás: La presencia negra en el Seminario Teológico de Virginia] (escrito por Constant) centra las voces y experiencias de estudiantes y exalumnos, y amplía la historia sobre el legado del VTS. La proximidad del bicentenario pone de manifiesto la necesidad de volver a contar y reformular la historia del VTS, haciéndola exhaustiva y reconociendo la participación del seminario en la explotación de las personas negras a través de la esclavitud y de las leyes de la era de la segregación de Jim Crow.

Las reparaciones, en particular, como expresión de enmienda de la vida, también están influenciadas por los movimientos sociales en favor de la justicia racial. Las muertes de Treyvon Martin y Michael Brown, el resurgimiento del movimiento Black Lives Matter (Las vidas negras importan) y una creciente comprensión de las reparaciones por parte de la corriente dominante en los Estados Unidos, contribuyen a que algunas reparaciones económicas sean una respuesta adecuada dado el legado del seminario. Se convierten en una forma de expresar, simbólica y gradualmente, la seriedad del arrepentimiento y la enmienda de vida.

El programa abarca varios aspectos de las reparaciones.

- *Decir la verdad.* ¿Cómo se construyó esta institución de doscientos años? ¿Cuáles son las historias de las vidas de los muchos negros que trabajaron para construir la institución sin libertad y sin una justa remuneración? No se trata sólo de una descripción de la historia de la institución, sino también de la proyección de una visión afirmativa del llamado de Dios para nosotros y nuestras relaciones, basada en la Escritura. Buscar la verdad es buscar la libertad: «La verdad los hará libres». (Juan 8:32) «Yo soy el camino, la verdad y la vida». (Juan 14:6) «En Cristo somos una nueva creación...» (2 Corintios 5:17).

- *Compensación material.* Ofrecer una compensación material para los descendientes vivos de esos trabajadores esclavizados que ayudaron a construir el VTS es, de momento, un pequeño gesto simbólico, pero se espera que crezca y se multiplique a medida que las familias (ahora partes interesadas en el seminario) visualicen la forma en que quieren que el seminario invierta en la comunidad negra como parte de su labor de reparación.

- *Creación de relaciones.* El VTS está emprendiendo la construcción de relaciones con dos iglesias históricamente negras de Alexandria, Virginia, con vínculos con el seminario: la Iglesia Bautista de Oakland y la Iglesia Memorial Meade. Estas relaciones, que apenas comienzan, desarrollarán programas y proyectos que se llevarán a cabo en asociación para beneficiar a las iglesias, sus ministerios y el trabajo en la comunidad negra. Para lograrlo, se reservó dinero para subvenciones.

- *Subvenciones.* El desarrollo de un programa de subvenciones para otras iglesias y organizaciones que trabajan por la justicia en Alexandria y la zona del norte de Virginia.

La tarea de reparación en la Diócesis Episcopal de Nueva York

Entrevista con el reverendo Richard Witt y Cynthia Copeland, copresidentes del Comité de Reparaciones, y el reverendo Charles Kramer, Diane Pollard y Nell Gibson, miembros del comité[3]

«La esclavitud fue un crimen cometido contra personas individuales y contra un pueblo. La diócesis de Nueva York desempeñó un papel importante, y genuinamente malvado, en la esclavitud estadounidense, por lo que, en la medida de lo posible, debemos hacer reparaciones. Todo ello a la vez que reconocemos que nunca será posible que esta convención o esta diócesis o incluso este país compensen de manera apropiada el sufrimiento de una gran cantidad de personas doblegadas bajo el yugo de cuatrocientos años de servidumbre, violencia y privaciones». Con esta conmovedora reflexión en su discurso ante la Convención Diocesana de 2019, el obispo Andrew Dietsche pidió una resolución para que «esta convención ordene a los fideicomisarios de la diócesis de Nueva York que reserven 1,1 millones de dólares de la dotación diocesana y destinarlos a reparaciones por la esclavitud». La resolución fue aprobada por unanimidad y toda la convención se puso de pie y aclamó.

Sin embargo, ha sido un largo y arduo camino para llegar a este punto. El camino de las reparaciones en la diócesis de Nueva York comenzó en 2006, cuando el obispo Mark Sisk designó un grupo de trabajo sobre reparaciones, a raíz de la resolución de la 75.ª Convención General que instaba a todas las diócesis a estudiar y recopilar la historia de su complicidad en la esclavitud y los beneficios que sus parroquias obtuvieron de ella. La tarea fue desalentadora para el comité inicial de catorce personas de gran diversidad cultural, étnica e ideológica. Rápidamente se dieron cuenta de que tenían que trabajar a través de sus propias diferencias y conocer más sobre la complejidad de este tema.

En 2008 desarrollaron y presentaron en la catedral un programa de cuatro horas, Let My People Go [Dejen ir a mi gente], con motivo del bicentenario de la abolición de la esclavitud. Era un programa que comprendía talleres, conversaciones y recursos educativos sobre la esclavitud. El comité trabajó con la directora de cine, Katrina Brown, en un documental llamado *Traces of the Trade* [Rastros de la trata]. En él se cuenta la historia de los antepasados de Brown en Nueva Inglaterra, miembros de la principal familia de comerciantes de esclavos de la historia de los Estados Unidos. El documental fue transmitido en PBS.

Para la Convención Diocesana de 2009, el comité presentó un video, *Diocese of New York Examines Slavery* [La Diócesis de Nueva York examina la esclavitud], junto con una guía, que insta a las parroquias a profundizar en la historia sobre la esclavitud de su propia parroquia. Aunque fue un reto convencer a las parroquias de que participaran, el comité no cedió, sino que siguió presionando y profundizando en la historia de la esclavitud en la Diócesis de Nueva York. Según los copresidentes, el reverendo Richard Witt y Cynthia Copeland, fue un proceso lento y maratónico en el que el comité recopiló historias y recursos educativos mientras persistía en invitar al resto de la diócesis a unirse al viaje.

Durante el retiro de 2015 se produjo un punto de inflexión crítico. Se les ocurrió la idea de una jornada intencional de tres años de reparaciones, que consistía en el Año de la Lamentación, el Año del Arrepentimiento y el Año de las Reparaciones. Se puso en marcha en 2017 con una variedad de eventos regionales que ofrecían oportunidades educativas y conversaciones. El reverendo Charles Kramer, entonces rector de la Iglesia de St. James en Hyde Park, llevó a cabo una amplia investigación y escribió una obra de teatro llamada *New York Lamentations* [Lamentaciones de Nueva York]. La obra cuenta de forma conmovedora la historia de la esclavitud en la Diócesis de Nueva York, dando voz a los que fueron esclavizados. Se presentó en varias regiones de la diócesis y en la Convención Diocesana en 2018.

Esto inspiró a varias parroquias de la diócesis a investigar su propia relacionada con la esclavitud. Por ejemplo, la Iglesia de St. James, en la avenida Madison, descubrió que el edificio de su iglesia fue construido por esclavos que eran propiedad de los miembros de la parroquia en ese momento. La junta parroquial votó por unanimidad en favor de colocar una placa en la pared exterior del edificio, reconociendo este hecho.

En el Año del Arrepentimiento, el comité siguió ofreciendo oportunidades y recursos educativos con *podcasts*, talleres y conversaciones. En su investigación en los archivos diocesanos, descubrieron que la resolución antiesclavista de John Jay en la Convención Diocesana de 1860 fue presentada y nunca fue retomada. El reverendo Charles Kramer escribió una obra de teatro sobre esta resolución que incluía los debates que tuvieron lugar en la convención. Se presentó en la Convención Diocesana de 2019, la que retomó la resolución y la aprobó debidamente y por unanimidad. Fue un momento conmovedor de un acto simbólico de reparación, en el que se corrigió el error pasado de la convención. En su discurso ante esta convención, el obispo Andrew Dietsche pidió a la convención que reservara 1,1 millones de dólares para la labor de reparación en la diócesis de Nueva York, lo que puso en marcha el Año de las Reparaciones.

Luego vino el COVID-19 en 2020, que marcó el comienzo de una agitación y una crisis en las relaciones raciales y la violencia racial. Tras el asesinato de George Floyd, quedó claro que el trabajo del comité debía centrarse en los problemas actuales en el contexto de la historia de la esclavitud y el racismo en los Estados Unidos. En el verano de 2020, presentaron una serie de cinco partes, *Knee on Neck: Slavery's Ghost* [La rodilla en el cuello: El fantasma de la esclavitud], que fue creada por el reverendo Masud Ibn Syedullah, TSSF, fundador y director de Roots & Branches [Raíces y Ramas], con la ayuda del reverendo Kramer. A partir del 19 de junio, festividad que conmemora el fin de la esclavitud, se llevaron a cabo cinco seminarios web, cada uno de ellos con conferencias, videos y otros materiales de apoyo. Las sesiones ayudaron a los participantes a generar planes y estrategias para que sus parroquias, la Diócesis de Nueva York y la Iglesia episcopal en general encarnen y den testimonio de políticas y acciones que afirmen y apoyen a las personas negras y a todas las personas de color, ayuden a superar la injusticia racial y a promover la curación y la reconciliación. Se presentó en línea y atrajo a más de setecientas personas de todo el país.

La experiencia de la Diócesis de Nueva York muestra que las reparaciones son un trabajo duro y un camino para toda la vida. En su discurso ante la convención de 2019, el obispo Dietsche planteó estas inquietantes preguntas: «¿Cómo podemos, como comunidad, reparar lo que nuestros antepasados hicieron en este lugar? ¿Qué sana a la historia?». Según Cynthia Copeland, para llegar a un lugar en el que las personas puedan respetar verdaderamente la dignidad de los demás, se requiere de un compromiso profundo con la conversación que conecte el corazón con el corazón y se acompañe de acción. Nell Gibson, miembro del comité, señala de manera conmovedora que «la disculpa es lo más difícil para los blancos, y el perdón es lo más difícil para los negros», y plantea esta pregunta desde una perspectiva afroamericana: «¿Cómo se aceptan las reparaciones sin la disculpa y el perdón?». Las reparaciones no se tratan solamente de dinero. Los miembros de este comité se han comprometido profundamente con esta labor porque creen firmemente que la Iglesia tiene que liderar en este trabajo, en particular en el momento actual de crisis en nuestra vida e historia comunes.

La tarea de reparación en la Diócesis Episcopal de Texas

Entrevista con Sam Dodson, presidente del Comité de Justicia Racial, y Tammy Lanier, miembro del comité[4]

«Imaginamos un futuro esperanzador, que sea reparador. Entonces nuestro objetivo es apoyar a la gente en las comunidades y estar atentos a las heridas del pasado. Debería ser equivalente. Eso significa que no se trata sólo de abrazos, sino también de dinero y de finanzas. Dinero que puede haber sido retenido o quitado a las comunidades en el pasado. Debe ser inclusivo. Eso significa que se desarrolle en colaboración con las partes perjudicadas». Con estas palabras en su discurso ante la Convención Diocesana de 2020, el obispo Andrew Doyle anunció que «la Diócesis de Texas reservará trece millones de dólares durante la próxima década para el trabajo de justicia racial». El dinero procede de varias fundaciones de la diócesis: la Fundación de Salud Episcopal, el Fondo de Becas Pauli Murray del Seminario del Suroeste, la Fundación del Obispo Quin, la Corporación de la Iglesia, el Fondo John y Joseph Talbot para la Justicia Racial y la Fundación Episcopal de Texas.

Se conformó el Comité de Justicia Racial y se le encomendó la tarea de desarrollar planes para poner en marcha un proceso de reparaciones, la Iniciativa de Justicia Racial. Se le asignaron 6,5 millones de dólares al comité y los otros 6,5 millones al Seminario del Suroeste. El dinero proviene de varios fondos, cada uno de los cuales tiene un objetivo específico. Por ejemplo, el Fondo Cain de la Fundación de la Gran Comisión destina ciertas contribuciones anuales a ayudar a las iglesias históricamente afroamericanas. El Fondo Wells concede becas a estudiantes afroamericanos para que asistan a colegios universitarios y universidades históricamente negros. El Fondo Talbot apoya las iniciativas de justicia racial de las parroquias en sus comunidades locales. El alcance de esta iniciativa es muy amplio: abordar las disparidades raciales en la educación y en la atención médica, apoyar a las iglesias históricamente afroamericanas, promover la misión y la evangelización en las comunidades afroamericanas, impulsar la formación de personas de color para el ministerio ordenado y apoyar el empleo del clero afroamericano y de otros clérigos de color. El comité también ha estado organizando seminarios y seminarios web para llegar a la gente de la diócesis y educarla a través de la iniciativa llamada Conversaciones Difíciles.

La visión de esta iniciativa es cambiar los corazones y las mentes de la gente de la diócesis, y fomentar, en palabras de Tammy Lanier, «la diversidad y la inclusión en todo lo diocesano». Una medida importante de esta iniciativa es la cantidad de iglesias que llevan a cabo la labor de justicia racial y solicitan subvenciones al Fondo Talbot para sus iniciativas locales. A pesar de los muchos desafíos que tiene por delante, Sam Dodson sigue «comprometido con promover la equidad racial de una manera que eleve a la Iglesia [en su totalidad]» a través del trabajo de este comité. Esto ha tardado mucho en llegar a la Diócesis de Texas. Después de la creación de la Fundación Episcopal de Texas en 2012, en 2014 quedó claro para el obispo Doyle que «los asuntos de raza eran un ingrediente clave para cambiar la conversación sobre la salud en las comunidades», y que «teníamos que hacer algo en torno a las reparaciones, que esta era una conversación que seguía creciendo en el país en general; estaba creciendo aquí en la diócesis, que teníamos que ser audaces». Con el liderazgo del obispo Doyle, la Diócesis de Texas ha tenido un nuevo y audaz comienzo en el camino hacia las reparaciones.

Notas

1. Centro Absalom Jones para la Curación Racial, «Home», www .centerforracialhealing.org.
2. Seminario Teológico de Virginia, «Reparations», https://vts.edu/mission /multicultural-ministries/reparations.
3. Obispo Andrew M. L. Dietsche, «Bishop of New York Address to the 243rd Convention of the Diocese of New York November 9, 2019», https://dioceseny.org/mission-and-outreach/social-concerns/reparations -for-slavery;https://ednyreparationsblog.wordpress.com;https://dioceseny.org /2019-convention-report/?wpdmdl=56510&ind=1573353026385.
4. La Diócesis Episcopal de Texas, «Difficult Conversations», https://www .havingdifficultconversations.com/.

Algunos recursos para la amada comunidad

Recursos sobre la necesidad de diversificar los escritos y archivos históricos

La literatura sobre la necesidad de ampliar la visión tanto de los archivos como de la escritura histórica se remonta a la década de 1970, pero la mayoría de esos trabajos anteriores no están disponibles en línea. Aquí hay varios recursos que pueden ser de utilidad:

Tonia Sutherland, «Archival Amnesty: In Search of Black American Transitional and Restorative Justice» [Amnistía de archivos: en busca de justicia restaurativa y transicional de los afroamericanos], *Journal of Critical Library and Information Studies*, vol. 1, no. 2 (2017).

Mary Caldera y Kathryn M. Neal, eds., *Through the Archival Looking Glass: A Reader of Diversity and Inclusion* [A través del espejo archivístico: un lector de diversidad e inclusión] (Chicago: Chicago Society of American Archivists, 2014).

Patricia Montiel-Overall, Annabelle Villaescusa Núñez y Verónica Reyes-Escudero, *Latinos in Libraries, Museums, and Archives: Cultural Competence in Action! An Asset-Based Approach* [Latinos en bibliotecas, museos y archivos: ¡competencia cultural en acción! Un enfoque basado en recursos] (Lanham, MD: Rowman and Littlefield Publishing Group, 2015).

Randall Jimerson, *Archives Power: Memory, Accountability, and Social Justice* [Poder de los archivos: memoria, responsabilidad y justicia social] (Chicago: Society of American Archivists, 2009).

Referencias y recursos

A continuación, se enumeran algunos recursos adicionales que se pueden usar o adaptar en su contexto local para desenterrar las historias que han sido sepultadas y crear una narrativa nueva y más inclusiva que se pueda compartir a través de la predicación y la enseñanza.

Liga Antidifamatoria, «Anti-Bias Education» [Educación anti-prejuicios] www.adl.org/what-we-do/promote-respect/anti-bias; Southern Poverty Law Center, «Learning for Justice» [Aprender por la justicia], www.learningforjustice.org. Los materiales educativos antiprejuicios en estos sitios web se pueden adaptar fácilmente para su uso en sesiones de formación en nuestras iglesias. Aunque el material está catalogado como K-12, la mayor parte de este material, especialmente el material histórico, no se ha impartido en las aulas a las que los adultos de hoy asistieron cuando eran niños, y puede usarse con poca adaptación con jóvenes adultos y adultos. Por ejemplo, el material de la ADL «Lewis and Clark: The Unheard Voices» [Lewis y Clark: las voces no escuchadas], www .adl.org/education/educator-resources/lesson-plans/lewis-and-clark proporciona importantes perspectivas de las comunidades indígenas sobre esta parte de la historia de los Estados Unidos. La ADL también provee el recurso «Anti-Bias Tools and Strategies» [Herramientas y estrategias para combatir el prejuicio], www.adl.org/education/resources/tools-and -strategies/anti-bias-tools-strategies. Learning for Justive ofrece «Speaking Up Against Racism Around the Coronavirus» [Hablar contra el racismo en torno al coronavirus], www.learningforjustice.org/magazine /speaking-up-against-racism-around-the-coronavirus.

Museo Nacional de Historia y Cultura Afroamericana, Instituto Smithsonian, «Talking About Race» [Hablar acerca de la raza], https:// nmaahc.si.edu/learn/talking-about-race.

Layla F. Saad, *Me and White Supremacy* [Yo y la supremacía blanca] (Naperville, IL: Sourcebook, 2018), www.sourcebooks.com/uploads /1/1/5/5/115507011/9781728209807.pdf; Layla F. Saad, *Me and White Supremacy: Combat Racism, Change the World, and Become a Good Ancestor* [Yo y la supremacía blanca: combatir el racismo, cambiar el mundo y ser un buen antepasado] (Naperville, IL: Sourcebook, 2020), www.meandwhitesupremacybook.com. *Kirkus Reviews* lo describe como «un programa de activismo para enfrentar el privilegio blanco y desmantelar la supremacía blanca. Sobre la base de un libro de trabajo descargado por casi 90 000 lectores, la escritora multicultural Saad, nacida en Gran Bretaña y que ahora vive en Doha, Qatar, ofrece "una herramienta personal antirracista única en su clase" que está destinada principalmente a enseñar a los lectores blancos a reconocer su privilegio y "asumir su participación en el sistema opresivo de la supremacía blanca"».

Para líderes y oyentes

La labor de convertirse en una amada comunidad requiere una coalición consciente y comprometida de líderes fieles. Para obtener modelos de este tipo de participación, consulte:

La Iglesia episcopal, «Storytelling» [Narración], www.episcopalchurch .org/storytelling.

Recursos intergrupales, «Race and Racism» [Raza y racismo], www .intergroupresources.com/race-and-racism/.

La Iglesia episcopal, «Sacred Ground» [Tierra sagrada], www .episcopalchurch.org/sacred-ground.

Currículo del proyecto de narración de historias: Learning about Race and Racism through Storytelling and the Arts [Aprender sobre la raza y el racismo a través de la narración y las artes], creado por Lee Anne Bell, Rosemarie A. Roberts, Kayhan Irani, y Brett Murphy, www .racialequitytools.org/resourcefiles/stp_curriculum.pdf.

Recursos y referencias dentro de la Iglesia

Los Archivos de la Iglesia episcopal tienen una representación extensa pero dispersa de recursos publicados y no publicados que documentan a miembros y grupos que han estado significativamente subrepresentados en la historiografía de la Iglesia y en sus actos públicos de rememoración.

Luego de múltiples resoluciones aprobadas en la Convención General para abordar la necesidad de la investigación histórica y la recopilación de archivos sobre el racismo y la esclavitud, los Archivos Nacionales de la Iglesia episcopal construyeron un micrositio web sobre el antirracismo para servir como un recurso para toda la Iglesia. El sitio rastrea los enfoques de la Convención General al problema del racismo a lo largo de los años y reúne documentos de archivo relacionados con los empeños diocesanos en procura del arrepentimiento y la rememoración de los miembros blancos o las élites blancas sobre su participación en el racismo y los beneficios acumulados injustamente a partir de la esclavitud (según lo instruido por la Resolución A143 de la Convención General de 2009).

Los Archivos también documentan la deslucida respuesta de la Iglesia al llamado de la Convención a la reconciliación y el arrepentimiento. De particular relevancia es un documento preparado por los Archivos para ayudar a los episcopalianos a investigar el impacto de la esclavitud en sus congregaciones y comunidades: «Consulting the Past through the Archival Record: A Guide for Researching the Impact of Slavery on Church Life» [Consultar el pasado a través del registro de archivos: una guía para investigar el impacto de la esclavitud en la vida de la Iglesia].

Como ejemplo de cómo este material de archivo puede hacerse accesible a la Iglesia en general, véase: «The Church Awakens: African Americans and the Struggle for Justice» [La Iglesia despierta: los afroamericanos y la lucha por la justicia], www.episcopalarchives.org /church-awakens/.

En los últimos años, los archiveros han comenzado a trabajar en una exposición sobre los estadounidenses de las primeras naciones en la Iglesia episcopal. Esta iniciativa fue fundamental para ayudar al grupo Ministerio Nativoamericano [o de las Primeras Naciones] a producir en 2011 un video en línea ampliamente compartido, *Exposing the Doctrine of Discovery* [Denuncia de la doctrina del descubrimiento], que abrió la discusión sobre el legado de imperialismo cultural de la Iglesia, arraigado en la supremacía blanca. La breve descripción e historia de la experiencia episcopal de los nativoamericanos también sirve como una introducción a nuestra guía de propiedades estadounidenses de las primeras naciones: «Native American Episcopal Experience» [Experiencia episcopal estadounidense de la primera nación], www .episcopalarchives.org/holdings/native-american-episcopal-experience.

Recursos y referencias fuera de la Iglesia

Hay muchos ejemplos en el mundo secular de archivos que documentan comunidades diversas específicas o que han ampliado su trabajo para incluir dicha actividad para la comunidad secular. El mundo académico es más activo en la documentación de la raza y la etnia en los Estados Unidos, y gran parte de lo que hace influye en otros archiveros. Con frecuencia, las historias de los grupos religiosos se incluyen en estos proyectos documentales, pero en el ámbito académico se las considera tangenciales, mezcladas con una condescendencia que enfatiza la opresión y no aborda las motivaciones teológicas y espirituales.

Algunos hitos de colecciones y proyectos importantes incluyen:

- Universidad de Emory: Departamento de Estudios Afroamericanos y Colecciones de Historia Afroamericana
- Universidad de Princeton: Seminario Teológico Payne y Archivo de la Iglesia Episcopal Metodista Africana (AME, por su sigla en inglés)
- Centro de Investigación Amistad (con otros asociados): «Diversifying the Digital Historical Record: Integrating Community Archives in National Strategies for Access to Digital Cultural Heritage» [Diversificación del registro histórico digital: integración de archivos comunitarios en estrategias nacionales para el acceso al patrimonio cultural digital]. El propósito explícito del proyecto era trabajar con archivos comunitarios para «ayudar a garantizar que las

voces tradicionalmente ausentes estén representadas a medida que se siga desarrollando una plataforma digital nacional».

- El Centro Schomburg de Investigación en Cultura Negra de la Biblioteca Pública de Nueva York y sus exposiciones virtuales.

- El Museo Nacional Nipoamericano de Los Ángeles, que interpreta el pasado en un entorno de museo tradicional, pero también busca conectar a los visitantes con la dinámica y continua cultura nipoestadounidense de Los Ángeles patrocinando festivales de cine, talleres de arte, recorridos a pie y otros eventos interactivos. además de su programación museística.

- La biblioteca y archivos del Centro Cultural de los Indios Pueblo, que tiene la misión específica de «forjar la identidad y el autoconocimiento de los [indios] pueblo mientras garantiza un lugar para los pueblo en la narrativa histórica nacional». Es sólo un ejemplo de las colecciones locales de estadounidenses de las primeras naciones en los Estados Unidos y Canadá, que a menudo son administradas por gobiernos tribales.

- El Museo Nacional del Smithsonian del Centro de Documentación y Archivo Indoamericano, cuyos fondos tienden más hacia escenas coloniales y exteriores de los estadounidenses de las primeras naciones, pero cuya declaración de objetivos ahora enfatiza la labor «mediante la asociación con poblaciones nativas y otras», fundamental para los miembros de nuestro comité cuyos síndicos consisten casi en su totalidad en nativoamericanos que representan una amplia gama de pueblos.

Literatura sobre cuestiones de raza y supremacía blanca

Se ha escrito mucho sobre la raza y la supremacía blanca en los Estados Unidos. Aquí hay varias obras, con reseñas para guiar al lector:

James H. Cone, *The Cross and the Lynching Tree* [La cruz y el árbol de linchamiento] (Nueva York: Orbis Books, 2015). «*The Cross and the Lynching Tree* es la perspectiva teológica más significativa sobre el linchamiento, que incluye no sólo el ahorcamiento, sino también "quemar, golpear, arrastrar y disparar, así como la tortura, la mutilación y especialmente la castración". Basándose en una investigación destacada, Cone sostiene que el árbol del linchamiento es una realidad/símbolo viable para la reflexión sobre la cruz de Cristo. Según Cone, la comprensión de la cruz y el árbol del linchamiento pueden conformarse mutuamente y explicar cómo los eventos de trauma e injusticia aún pueden inspirar esperanza para la comunidad afroamericana».[1]

Robin DiAngelo, *White Fragility: Why It's So Hard for White People to Talk about Racism* [Fragilidad blanca: por qué es tan difícil para los blancos hablar sobre el racismo] (Boston: Beacon Press, 2018). Según la socióloga Robin DiAngelo, «los blancos viven en un ambiente aislado de privilegio blanco que genera sus expectativas de comodidad racial al tiempo que reduce su capacidad para tolerar el estrés racial». El resultado es la fragilidad de los blancos: cuando el racismo sale a debate, incluso los blancos mejor intencionados a menudo reaccionan a la defensiva, en manifestaciones, por ejemplo, de ira, de miedo y de culpa que obstaculizan la comprensión interracial y sirven para apuntalar la desigualdad racial. «El libro subraya cuan tremendamente difícil es para la mera conversación atravesar capas de actitud defensiva entre los blancos. Los escombros sedimentados de injusticias pasadas conspiran con los patrones actuales de ventaja blanca para hacer que los empleadores blancos e incluso los activistas blancos sean muy difíciles de llevar hacia cualquier cuestionamiento maduro de la opresión racial. La práctica de recurrir a la defensiva [. . .] se suma a las oportunidades para que el discurso racial se convierta en una necesidad de validar las buenas intenciones de los blancos individuales a expensas de una consideración seria de las estructuras de la supremacía blanca o sus impactos en las víctimas».[2]

Gary Dorrien, *Breaking White Supremacy: Martin Luther King Jr. and the Black Social Gospel* [Romper la supremacía blanca: Martin Luther

King Jr. y el evangelio social negro] (New Haven: Yale University Press, 2018). *Breaking White Supremacy* ofrece una descripción histórica y teológica del movimiento del evangelio social según surgía dentro de la Iglesia y la comunidad negras. Con King como el más representativo de este movimiento, Dorrien sostiene que, aunque ignorado por ser negro, ningún movimiento ha tenido un legado o impacto mayor en la sociedad civil y la ética teológica. La labor de episcopalianos negros como Alexander Crummell y Pauli Murray se sitúa en el centro de este movimiento, lo que nos permite apreciar su notable contribución —aunque a menudo se pase por alto— a la Iglesia y la sociedad.

Henry Louis Gates, Jr., *Stony the Road: Reconstruction, White Supremacy, and the Rise of Jim Crow* [Pedregoso el camino: la reconstrucción, la supremacía blanca y el auge de la segregación Jim Crow] (Nueva York: Penguin Books, 2019). Al preparar el escenario para comprender la política racial contemporánea, Gates utiliza narrativas e imágenes en igual medida para documentar el ascenso de la supremacía blanca durante los últimos dos siglos en los Estados Unidos. «Una historia esencial para nuestro tiempo, *Stony the Road* realiza una especie de trabajo cultural que recién ahora se generaliza en los Estados Unidos, pero que los alemanes han estado llevando a cabo durante décadas. La palabra alemana para este esfuerzo es Vergangenheitsbewältigung —reconciliarse con el pasado— y conlleva connotaciones de una historia dolorosa que los ciudadanos preferirían no enfrentar, pero que deben enfrentar para que no se repita».[3]

Willie James Jennings, *The Christian Imagination: Theology and the Origins of Race* [La imaginación cristiana: la teología y los orígenes de la raza] (New Haven: Yale University Press, 2011). En esta obra, Jennings «se adentra en el suelo medieval tardío en el que germinó la imaginación cristiana moderna, para revelar cómo el proceso de socialización altamente refinado del cristianismo ha creado y mantenido sociedades segregadas sin darse cuenta. Este libro ofrece un estudio profundo de la fragmentación cultural —social, espacial y racial— que echó raíces en la mente occidental, y muestra cómo el cristianismo ha forjado constantemente naciones cristianas en lugar de alentar la comunión genuina entre grupos e individuos dispares [. . .] Al abordar temas de esclavitud, geografía e historia de los nativoamericanos, relaciones judeocristianas, alfabetización y traducción, expone brillantemente cómo la pérdida de tierras y las ideas supersecesionistas detrás del movimiento misionero cristiano están profundamente implicadas en la invención de la raza».[4]

Ibram X Kendi, *Stamped from the Beginning: The Definitive History of Racist Ideas in America* [Marcados desde el principio: la historia definitiva de las ideas racistas en los Estados Unidos] (Nueva York: Bold Type Books, 2016). «*Stamped from the Beginning* se centra en cinco figuras: Cotton Mather, Thomas Jefferson, William Lloyd Garrison, W. E. B. Du Bois y Angela Davis. A través de sus vidas [...] Kendi detalla la construcción estadounidense de la supremacía blanca como una tragedia triple de religión, gobierno y activismo».[5]

Nell Irvin Painter, *The History of White People* [La historia de los blancos] (Nueva York: W.W. Norton, 2010). Painter pone fin a la idea de un Estados Unidos posracial al situar la experiencia estadounidense dentro de una vasta historia de dos mil años de construcción social de la idea de una raza blanca y los diversos propósitos a los que sirvió. «Acaso la historia definitiva de un adjetivo de lo más curioso. [El libro] es una obra maestra de erudición no polémica y de amplia síntesis histórica, que combina historia política, científica, económica y cultural [...] Painter no deja piedra sin remover en su búsqueda del origen de la idea de la blanquitud».[6]

Richard Rothstein, *The Color of Law: The Forgotten History of How the Government Segregated America* [El color de la ley: la historia olvidada de cómo el gobierno segregó a los Estados Unidos] (Nueva York: Liveright Books, 2017). *The Color of Law* ley expone la inquietante historia de la segregación residencial en los Estados Unidos y su impacto en generaciones de vidas negras, revelando la naturaleza insidiosa del racismo estructural. Rothstein sostiene que el gobierno «creó un sistema de castas en este país, que mantenía a los afroamericanos explotados y geográficamente separados gracias a políticas gubernamentales explícitamente raciales. Aunque la mayoría de estas políticas están ahora fuera de los libros, nunca se han remediado y sus efectos perduran».[7]

Forrest G. Wood, *The Arrogance of Faith: Christianity and Race in America* [La arrogancia de la fe: cristianismo y raza en los Estados Unidos] (Nueva York: Knopf, 1990). Algunos esclavistas, como el presidente de los Estados Unidos Andrew Jackson, «usaron la Biblia como justificación para la relación amo-esclavo. El cristianismo, sostiene Wood en esta crítica extensa y contundente, desempeñó un papel fundamental en la configuración del racismo blanco que apuntaló la esclavitud negra e hizo posible el casi exterminio del indio americano. Comenzando con los colonos puritanos que predican su superioridad sobre los indios, hasta las divisiones seccionales motivadas por la raza en las tres principales iglesias protestantes (presbiteriana, metodista y bautista), este provocador estudio histórico […] enfrenta un aspecto descuidado de la experiencia cristiana en los Estados Unidos. Wood explica cómo los intentos de los cristianos de convertir a los "paganos" o "infieles" atacaron los cimientos de las culturas no cristianas. Los cantos de las plantaciones, los cuáqueros, la fobia de los blancos hacia la sexualidad negra y el evangelio social, un movimiento de reforma protestante liberal del siglo XIX, también están sujetos a escrutinio».[8]

Literatura sobre la experiencia asiática

Ministerios asioamericanos en la Igesia episcopal, www.episcopalchurch.org/files/asiamerica_ministries_brochure.pdf.

Rosalind Chou y Joe Feagin, *The Myth of the Model Minority* [El mito de la minoría modelo] (Nueva York: Taylor & Francis, 2010). Los estadounidenses blancos han considerado durante mucho tiempo a los estadounidenses de origen asiático como la «minoría modelo».

Sin embargo, pocos estadounidenses se dan cuenta de que la vida de muchos asioamericanos está constantemente estresada por el racismo. Esta realidad se hace evidente a partir de las voces de los asioamericanos que se escuchan en este primer libro que profundiza sobre las experiencias del racismo entre los asioamericanos de muchas naciones y clases sociales diferentes.

Madeline Y. Hsu, *Asian American History: A Very Short Introduction* [Historia asioamericana: una introducción muy breve] (Oxford: Oxford University Press, 2017). Madeline Y. Hsu muestra cómo el éxito asioamericano, a menudo atribuido a valores culturales innatos, es más un resultado de las leyes de inmigración, que en gran medida han preseleccionado a inmigrantes de alto potencial económico y social. Hsu revela hábilmente cómo la política pública, que puede restringir y también promover selectivamente a ciertas poblaciones de inmigrantes, es una razón clave por la que algunos grupos de inmigrantes parecen tener un éxito más natural y por qué la identidad de esos grupos evoluciona de manera diferente a la de otros.

Erika Lee, *The Making of Asian America: A History* [La creación de la América Asiática: una historia] (Nueva York: Simon & Schuster, 2015). Una historia épica de viajes globales y nuevos comienzos, este libro muestra cómo generaciones de inmigrantes asiáticos y sus descendientes nacidos en los Estados Unidos han hecho y rehecho la vida asioamericana en los Estados Unidos. Durante los últimos cincuenta años, ha surgido un nueva Asiamérica a partir del activismo comunitario y la llegada de nuevos inmigrantes y refugiados. Ya no son una «minoría despreciada»; los estadounidenses de origen asiático son ahora considerados como la «minoría modelo» de los Estados Unidos en formas que revelan el complicado papel que la raza todavía desempeña en este país. El libro cuenta historias de estadounidenses de origen japonés detrás de las alambradas de los campos de internamiento de los Estados Unidos durante la Segunda Guerra Mundial, refugiados hmong trágicamente incapaces de adaptarse al clima y cultura alienígenas de Wisconsin y estudiantes estadounidenses de origen asiático estigmatizados por el estereotipo de la «minoría modelo». Esta es una obra impactante y conmovedora que tendrá repercusiones para todos los estadounidenses, que juntos forman una nación de inmigrantes provenientes de otras costas.

Gary Okihoro, *Margins and Mainstreams: Asians in American History and Culture* [Márgenes y tendencias dominantes: los asiáticos en la historia y la cultura estadounidenses] (Seattle: University of Washington Press, 1994). Mientras explora de nuevo los significados de la historia social asioamericana, Okihiro sostiene que los valores e ideales centrales de la nación emanan hoy no de la llamada corriente [o tendencia] principal, sino de los márgenes, de entre los asiáticos y afroamericanos, latinos e estadounidenses de las primeras naciones, de las mujeres, y de la comunidad homosexual. Esos grupos en sus luchas por la igualdad han ayudado a preservar y promover los ideales de los fundadores y han hecho de los Estados Unidos un lugar más democrático para todos.

Ronald Tataki, *Strangers from a Different Shore* [Extraños de una orilla diferente] (Nueva York: Little, Brown & Co., 1989). El autor escribe sobre los chinos que colocaron las vías del ferrocarril transcontinental, sobre los trabajadores de las plantaciones en los campos de caña de Hawái y sobre las «novias por retrato» que se casan con extraños con la esperanza de convertirse en parte del sueño americano.

Literatura acerca de la experiencia de latinos y latinoamericanos

Iglesia episcopal, «Ministerios Latinos/Hispanos», https://episcopalchurch .org/latino-ministries.

América Ferrera, *American Like Me: Reflections on Life Between Cultures* [Estadounidense como yo: reflexiones sobre la vida entre culturas] (Nueva York: Gallery Books, 2018). «Ferrera aprovechó la oportunidad para crear una plataforma para su historia —además de otras— en una antología que comparte relatos de inmigrantes, hijos de inmigrantes e indígenas con el propósito de constituir un recurso para personas en situaciones similares. Ferrera contribuye con la propia historia de su familia hondureña e incluye ensayos de figuras públicas famosas y casi famosas de todas las etnias que comparten relatos personales sobre [lo que ha sido] crecer en los Estados Unidos».[9]

Valeria Luiselli, *Tell Me How It Ends: An Essay in Forty Questions* [Dime cómo termina: un ensayo en cuarenta preguntas] (Mineápolis: Coffee House Press, 2017). «Un libro inspirador y necesario de la reconocida autora mexicana Valeria Luiselli. *Tell Me How It Ends* habla con valentía sobre la dolorosa realidad que enfrentan los niños indocumentados, y muchas veces no acompañados, en el sistema de inmigración de los Estados Unidos, así como sobre sus traumáticos viajes».[10]

Ray Suarez, *Latino Americans: The 500-Year Legacy That Shaped a Nation* [Latino Americanos: El legado de 500 años que dio forma a una nación] (Nueva York: Penguin Random House, 2013). «George Santayana dijo una vez: "los que no pueden recordar el pasado están condenados a repetirlo". *Latino Americans* de Suárez es una lectura inspiradora, minuciosamente documentada, que ilumina al lector sobre nuestra herencia y legado latinoamericano en los Estados Unidos. Valiéndose de relatos, tanto de víctimas como de héroes, nos presenta una historia significativa y relevante que se relaciona con nosotros: hispanos, latinos, chicanos, puertorriqueños, cubanos, dominicanos, centroamericanos, etc. Es una historia de quinientos años que ayuda a que entendamos nuestro papel en este magnífico país que es nuestro».[11]

Zaragosa Vargas, *Crucible of Struggle: A History of Mexican Americans from the Colonial Period to the Present Era* [Crisol de lucha: una historia de los mexicoamericanos desde la época colonial hasta la época actual] (Nueva York: Oxford University Press, 2011). Zaragosa Vargas «ofrece un relato cronológico detallado de la experiencia histórica mexicoamericana y cómo ocupa su lugar en la historia estadounidense. Vargas enfoca esta experiencia dentro de la ubicación geográfica de lo que hoy son los Estados Unidos».[12]

Notas

1. Bruce Fields, «When He Died upon The Tree», una revisión de *La Cruz y el árbol del linchamiento, Christianity Today,* 16 de agosto de 2017.

2. David Roediger, «On the Defensive: Navigating White Advantage and White Fragility», *Los Angeles Review of Books,* 6 de septiembre de 2018, https://lareviewofbooks.org/article/on-the-defensive-navigating-white -advantage-and-white-fragility/).

3. Nell Irvin Painter, «In *Stony the Road,* Henry Louis Gates Jr. Captures the History and Images of the Fraught Years after the Civil War», *New York Times Book Review,* 28 de abril de 2019, https://www.nytimes.com/2019/04/18 /books/review/stony-the-road-henry-louis-gates.html.

4. Yale University Press, «The Christian Imagination», https://yalebooks.yale .edu/book/9780300171365/christian-imagination.

5. Robert Lashley, «You Can't Untangle Race from Class in America», *The Stranger,* 29 de noviembre de 2016, https://www.thestranger.com /books/2016/11/29/24716347/you-cant-untangle-race-from-class-in-america.

6. Paul Devlin, «"The History of White People"», *San Francisco Chronicle,* 28 de marzo de 2010, https://www.sfgate.com/books/article/The-History-of-White-People-3194794.php.

7. Richard Rothstein, *The Color of Law: The Forgotten History of How the Government Segregated America* (Nueva York: Liveright Books, 2017), xvii.

8. Review of *The Arrogance of Faith* [Reseña de «La arrogancia de la fe»], *Publishers Weekly,* https://www.publishersweekly.com/978-0-394-557993-1.

9. Harmony Trevino [reseña de *American Like Me*], *Latino Book Review,* 6 de febrero de 2019, https://www.latinobookreview.com/american-like-me-reflections -on-life-between-cultures---america-ferrera--latino-book-review.html.

10. Gerald A. Padilla [reseña de *Tell Me How It Ends*], *Latino Book Review,* 18 de marzo de 2018, https://www.latinobookreview.com/valeria-luiselli---tell -me-how-it-ends--latino-book-review.html.

11. Mónica Rodriguez-Raygada [reseña de *Latino Americans*], *Latino Book Review,* 31 de julio de 2016, https://www.latinobookreview.com/ray-suarez .html.

12. Alan Gerardo Padilla Aguilar [reseña de *Crucible of Struggle*], *Latino Book Review,* 17 de febrero de 2016, https://www.latinobookreview.com/zaragosa-vargas.html.